EDISON VEIGA

SANTO ANTÔNIO

A história do intelectual português que se chamava Fernando, quase morreu na África, pregou por toda a Itália, ganhou fama de casamenteiro e se tornou o santo mais querido do Brasil

Copyright © Edison Veiga, 2020
Copyright © Editora Planeta do Brasil, 2020
Todos os direitos reservados.

Preparação: Thiago Fraga
Revisão: Renata Mello e Nine Editorial
Diagramação: Márcia Matos
Capa: Departamento de criação da Editora Planeta
Imagem de capa: INTERFOTO / Alamy Stock Photo

Dados Internacionais de Catalogação na Publicação (CIP)
Angélica Ilacqua CRB-8/7057

Veiga, Edison
　　Santo Antônio: a história do intelectual português que se chamava Fernando, quase morreu na África, pregou por toda a Itália, ganhou fama de casamenteiro e se tornou o santo mais querido do Brasil / Edison Veiga. -- São Paulo: Planeta, 2020.
　　208 p.

ISBN 978-65-5535-224-5

1. Antônio, de Pádua, Santo, 1195-1231 - Biografia I.
20-4166　　　　　　　　　　　　　　　　CDD 922.22

Índices para catálogo sistemático:
1. Santo Antônio - Biografia

2021
Todos os direitos desta edição reservados à
EDITORA PLANETA DO BRASIL LTDA.
Rua Bela Cintra, 986, 4º andar – Consolação
São Paulo – SP – 01415-002
www.planetadelivros.com.br
faleconosco@editoraplaneta.com.br

Aos Antonios que me são
importantes: meu avô (*in memoriam*),
meu tio-padrinho, meu sobrinho.

E também para minha mãe, Rose, com
as melhores lembranças dos dias em que
refizemos juntos os percursos de Santo
Antônio em Roma, Assis e Pádua.

NOTAS PRELIMINARES

Não são poucos os desafios inerentes à tarefa de biografar uma figura como Santo Antônio de Pádua. O fato de ele ter vivido há quase oitocentos anos, sem dúvida, é o primeiro deles.

A distância temporal dos fatos, bem como a ausência de documentação de época para muitos dos relatos, contribui para que história e lenda se misturem – ainda mais no caso de alguém com fama universal e cuja existência tornou-se objeto da fé das pessoas.

Neste livro, quando esbarrei em registros imprecisos, procurei extrair a versão mais provável do cruzamento de todas as informações existentes – muitas vezes, checando fatos a partir de outros contextos e personagens da época. Assim, no mínimo, concluo ter diminuído a chance de cair em consagrados erros históricos.

A própria geopolítica de então se apresenta como um fator limitador da compreensão contemporânea da grandeza de Antônio de Pádua. Andarilho por excelência, missionário de longas caminhadas, ele percorreu enormes distâncias, sobretudo – mas não somente – na Península Itálica, a "bota italiana". Cumpre lembrar, contudo, que a Itália com as fronteiras delimitadas e com o senso de nação que conhecemos hoje só surgiu de fato na segunda metade do século XIX. Ou seja, quando relatamos os percursos de Antônio pela Itália, na realidade estamos tratando de peregrinações por diversos feudos, burgos e cidades-estado.

Portanto, se o frade esteve de maneira comprovada em cidades do atual nordeste italiano, como Gorizia, Udine, Trieste e a própria Pádua, não poderia ele ter avançado um pouco mais e se aventurado a pregar em terras da atual Eslovênia? Evidentemente que sim. Talvez seja por isso que os antigos mineradores da cidade eslovena de Idrija, não longe de Gorizia, escolheram Antônio de Pádua como seu protetor – e, em 1678, ergueram ali uma igrejinha dedicada a ele.

Da mesma forma, é de se imaginar que no período em que atuou como ministro provincial de Emilia-Romanha, cuja sede era em Milão, o santo tenha percorrido locais hoje pertencentes à Suíça. Afinal, se há relatos de suas andanças pela cidade de Como, por que não supor que o pregador tenha caminhado pelo menos oito quilômetros mais ao norte e chegado, por exemplo, na atual Chiasso? Vale ressaltar que há pelo menos dezessete igrejas dedicadas a Antônio de Pádua nesse país.

Outro obstáculo que surgiu durante a tarefa de biografar Antônio é o próprio fato de que a gigantesca devoção a ele amplificou, ao longo do tempo, as lendas e os milagres. A escolha de relatar neste livro alguns dos principais desses causos tem apenas um propósito: atestar que, como figura religiosa e histórica, não importam se tais processos tenham ocorrido verdadeiramente dessa maneira ou não – as narrativas são importantes por si só, por terem sobrevivido ao crivo do tempo e por terem contribuído para solidificar a fama do personagem.

Dessa forma, podemos encarar os milagres como manifestações puras de Deus. Ou, então, entendê-los como fenômenos incompreendidos e inexplicáveis para a ciência da época e que, com o passar de tantos séculos, foram ganhando versões ainda mais fantasiosas – embora isso se esbarre em uma questão de fé pessoal. Esta obra, ainda que tenha o propósito de constituir uma realista biografia de Antônio de Pádua, não poderia se furtar a também relatá-las.

Como bem pontuou o Padre Fernando Félix Lopes, quando narrou o célebre sermão de Santo Antônio aos peixes, muitas vezes a lenda é mais importante do que o ocorrido em si. "Está claro que não vamos defender a autenticidade do sermão que Santo Antônio pregou aos peixes", escreve ele. "Não interessa que seja autêntico ou que deixe de ser. Encanta a poética alegoria, e interessa a verdade que essa maravilha nos desenha."

Este livro foi escrito a partir de longas pesquisas e de muitas viagens. O trabalho, ainda bibliográfico e documental, começou no segundo semestre de 2017, na cidade de São Paulo. Ao longo de 2018, quando vivi na Itália, percorri muitos dos pontos onde Antônio pregou oito séculos atrás. No ano seguinte, quando já estava morando na Eslovênia, continuei trilhando os caminhos do santo – principalmente, mas não somente, em quatro viagens pela Itália. Então, todo o material foi sedimentado, filtrado, checado e transformado no relato a seguir.

O autor.
Bled (Eslovênia), fevereiro de 2020.

CAPÍTULO 1

PÁDUA

O que encontram na cidade italiana de 211 mil habitantes os cerca de três milhões de peregrinos que, todos os anos, para lá vão para rezar a Santo Antônio, pagar promessas e se emocionar com as relíquias expostas.

Em Pádua existem 44 igrejas católicas em funcionamento, com diversos santos sepultados em algumas delas – algo não insólito em terras italianas. São Leopoldo Mandic (1866-1942) repousa no santuário que leva seu nome. Na Catedral de Santa Maria Assunta, o Duomo, estão os restos mortais de São Danilo (que viveu provavelmente no século IV), São Leonino (do século III) e São Gregório Barbarigo (1625-1697).

Mas para os 211 mil paduanos nenhum venerável pode ser comparado àquele que é chamado simplesmente de O Santo – ou, em italiano, Il Santo. Santo Antônio. O santo preferido dos brasileiros é tido como o maior de todos para os italianos de Pádua.

Não à toa, tudo converge para Il Santo. Caminhos, placas, peregrinações e imagens levam necessariamente para a praça, a basílica, o túmulo, as relíquias, a fé e a história.

A importância de Antônio é tamanha que há quem se refira a ele como *"santo senza nome"*. Sem nome porque nem é preciso denominá-lo. Basta dizer simplesmente "O Santo".

Foi graças aos milagres e aos devotos de Santo Antônio que Pádua ficou tão conhecida. Afinal, foi em Pádua que o Frade Antônio, cerca de oitocentos anos atrás, tornou-se símbolo de santidade e fé ainda em vida.

O centro histórico de Pádua pode ser vencido a pé. O relevo é plano e caminhar por suas ruas de pedra, entremeadas por construções seculares, é passeio dos mais agradáveis. Terceira maior cidade da região do Vêneto, o local é considerado uma das mais antigas aglomerações urbanas da Península Italiana – registros dão conta de sua existência desde 1185 a.C.

Pádua era, portanto, uma das cidades mais importantes da Europa no século XIII, quando Santo Antônio a escolheu para viver e morrer. Era um momento de efervescência intelectual. A Universidade de Pádua, uma das mais antigas instituições de ensino superior do mundo, começava a funcionar – foi inaugurada em 1222 e, por ali, passariam nos séculos seguintes ícones da história universal, por exemplo, Nicolau Copérnico (1473-1543), Cristóvão Colombo (1451-1506) e Galileu Galilei (1564-1642), cuja residência onde morava permanece preservada. Intelectual respeitado, Antônio lecionou na universidade em seu último ano de vida.

Na cidade ainda estão algumas das mais famosas e importantes obras da arte ocidental, o ciclo de afrescos de Giotto (1267-1337) executados entre 1304 e 1306 na Capela dos Scrovegni, também conhecida como capela Arena. Como a igreja é dedicada a Santa Maria della Carità, o artista pintou Nossa Senhora de modo a enfatizar seu papel na salvação humana.

Com noventa mil metros quadrados, o Prato della Valle também é dos atrativos mais importantes. A área verde, com sua peculiar forma elíptica, tornou-se espaço público em 1767 para se tornar a maior praça de toda a Itália – e uma das maiores da Europa.

Tudo isso é história e contribui para criar uma atmosfera única para a cidade. Mas o que leva três milhões de peregrinos anualmente a Pádua é Il Santo. Nos arredores da basílica, lojinhas de souvenirs religiosos e estandes de camelôs exploram a fama do padroeiro, vendendo medalhinhas, imagens, fitinhas, santinhos, terços, imãs de geladeira, velas, cartões postais e uma pitoresca gama de quitutes, de bolachinhas a licores, tudo com alusão ao famoso religioso que lá viveu.

Tisana del santo alle 17 erbe, por exemplo, é um chá composto por 17 ervas diferentes, cujo rótulo estampa a figura de Antônio. *Dolce del santo*, uma espécie de rosquinha doce, é o alimento mais comum no comércio religioso das cercanias. O mais curioso, sem dúvida, é o *Lacrime di Sant'Antonio*. A descrição da etiqueta: "*gocce e goccioline di rosolio, sciroppo di zucchero*" – ou seja, sob o nome de "lágrimas de Santo Antônio", o que se vende é um licor de rosas típico italiano, com xarope de glicose.

A movimentação não é tão grande quanto de lugares como a cidade de Aparecida, no Vale do Paraíba, estado de São Paulo, ou mesmo o entorno do Vaticano, em Roma. Contudo, assim como em outros locais que giram em torno do turismo religioso, cafés, sorveterias e outros estabelecimentos comerciais também se referem ao padroeiro, como é o caso da Gelateria Sant'Antonio ou do Caffé Al Santo.

Na Praça do Santo, a imponente igreja tem uma fachada de 28 metros de altura por 37 metros de largura. No total, a basílica mede 115 metros de comprimento e, na parte mais larga, chega a 55. A altura do seu ponto mais alto é de 38,5 metros – mas a torre bate nos 68.

A veneração de Santo Antônio é tamanha, e foi tão instantânea, que a igreja dedicada a ele começou a ser construída em 1232, apenas um ano após sua morte. Ficou pronta em 1310. Arquitetonicamente, é uma mescla de diversos estilos: românico, gótico e bizantino, depois incorporando características do Renascimento e do Barroco.

Os franciscanos – da Ordem dos Frades Menores Conventuais – que administram a basílica sugerem um percurso a quem a visita. Ali dentro, silêncio quase absoluto. Fotos não são autorizadas.

O convite é para que o peregrino inicie com a *acqua santa*, benzendo-se com um pouco da água benta disponibilizada logo na entrada da igreja. De acordo com a fé católica, o gesto é uma renovação espiritual do batismo e serve para a purificação dos pecados. No caso da basílica de Santo Antônio, a água está em uma bacia de mármore, com uma estátua de Cristo batizado – obra iniciada por Giovanni Minello (1440-1528) e concluída por Tiziano Aspetti (1557-1606).

Em seguida, alguns minutos são necessários para apreciar a beleza suave do afresco *Madonna col Bambino*, uma representação da Virgem Maria com o Menino Jesus ao colo, ladeados por São João Batista e São João Evangelista. É uma pintura do século XIV, feita por Stefano da Ferrara (1349-1376).

Prosseguindo em sentido horário, a próxima parada é a capela mais solene do interior da igreja. Trata-se do local onde está a tumba de Santo Antônio, sob a inscrição latina "*corpus s. Antonii*". A um canto, fotografias de pagadores de promessas e cartinhas manuscritas se somam. É possível notar a ampla variedade de idiomas e origens. Em uma das vezes em que lá estive, destacava-se uma imagem de um militar norte-americano. Muitas das pessoas retratadas são crianças, algumas com visíveis problemas físicos.

A recomendação dos franciscanos é para que o fiel aproxime-se em silêncio do local, tido como o "coração espiritual do Santuário". "O santo recebe-o com alegria, cuida de você prontamente e o convida a permanecer sob sua proteção", informa o texto que sugere o roteiro interno.

Há uma oração indicada para essa reverência ao túmulo santo. Em tradução livre para o português, seria algo como:

*Senhor, pela intercessão de Santo Antônio,
ilumina o meu coração
dá-me fé e coragem nas provações
abençoe o meu caminho cristão.
Conceda-me a graça pela qual eu te imploro...*

A capela é um esplêndido trabalho da Renascença italiana. Sua construção iniciou-se em 1500 e levou quase cem anos, projeto arquitetado provavelmente pelo escultor Tullio Lombardo (1460-1532). Os maiores escultores venezianos da época foram contratados para a execução.

Na parede, nove relevos em mármore trazem cenas da vida e de milagres atribuídos ao santo. Antonio Minello (1465-1529) é autor de *Vestizione di s. Antonio*, obra de 1512. Giovanni Rubino, chamado de Dentone, e Silvio Cosini (1495-1549) concluíram *Il Marito Geloso che Pugnala la Moglie* em 1529. *S. Antonio Risuscita un Giovane*, terminada em 1577, é obra de Danese Cattaneo (1512-1572) e Girolamo Campagna (1549-1625). Jacopo Sansovino (1486-1570) entregou *Risurrezione di una Giovane Annegata* em 1563 e, junto a Antonio Minello, fez também *S. Antonio Risuscita un Bambino Annegato* – concluída em 1534. Tullio Lombardo assinou duas das obras, ambas de 1525: *Miracolo del Cuore dell' Usuraio* e *Miracolo del Piede Reciso e Riattaccato*. *Il Bicchiere Scagliato in Terra e Rimasto Intatto*, de 1529, é atribuído a Giovanni Maria

Mosca (1495-1573) e Paolo Stella. Antonio Lombardo (1458-1516) fez *Un Neonato Attesta L'onestà della Madre*, de 1505.

Obra de Tiziano Aspetti, o altar-túmulo de Santo Antônio ficou pronto em 1594. Os dois candelabros de prata que ladeiam a sepultura são do século XVII. No interior da capela, lê-se ainda: "*Gaude, felix Padua, quae thesaurum possides*", ou seja, "Alegra-te, Pádua feliz, que possuis um tesouro".

A capela de Santa Madonna Mora é um diálogo com Santo Antônio vivo. Isso porque foi feita com restos da antiga igreja de Santa Maria Mater Domini, onde o sacerdote celebrava missas, pregava e ouvia confissões em seus últimos dois anos de vida. O belo altar, em estilo gótico, é obra do artista Rinaldino di Guascogna, executada em 1396. Nas paredes, há afrescos dos séculos XIII e XIV.

Da parede norte dessa capela, é possível acessar outra, dedicada ao beato Luca Belludi (1206-1286), ou Luca de Pádua, discípulo e amigo de Santo Antônio. Belludi foi um dos grandes entusiastas da construção do santuário, e seus restos mortais estão sepultados ali.

O altar é ornado com afrescos de Giusto de' Menabuoi (1320-1391), trabalho executado em 1382. São diversas obras: a Virgem Maria entre os santos franciscanos, ao centro; dois episódios de intercessão do beato, ao canto do altar; e algumas cenas dos apóstolos Felipe e Tiago.

Em seguida, coroando esse encontro de fé com Il Santo, o peregrino depara-se com a capela das relíquias – também chamada de "capela do tesouro". Fica exatamente ao fundo da igreja, no extremo oposto à entrada principal. A principal delas é, dentro de um relicário, a língua preservada do santo. Toda erguida em estilo Barroco, é obra do arquiteto e escultor Filippo Parodi (1630-1702).

Ali podem ser vistas algumas preciosidades para quem acredita na santidade de Antônio. Conta-se que em 1263, quando os restos mortais do santo foram transferidos para a tumba definitiva, ou seja, para dentro da igreja então em construção, o superior dos franciscanos, São Boaventura (1217-1274), ordenou a abertura do sarcófago para que o conteúdo fosse inspecionado. Para a surpresa de todos, trinta e dois anos após a morte de Antônio, sua língua estava preservada. Seria um milagre, um sinal da importância daquilo que o religioso pregou em vida – sua língua, que tinha proclamado com tanta eloquência e sabedoria os ensinamentos de Deus, estava incorrupta.

O órgão foi então acondicionado separadamente dos restos mortais e encontra-se à mostra até hoje. O relicário foi substituído – o atual é o terceiro a acondicioná-lo e trata-se de uma obra da ourivesaria de Giuliano de Florença, datada de 1436.

Na mesma capela podem ser vistas a mandíbula inferior com cinco dentes atribuída ao santo, uma batina que teria sido utilizada pelo religioso e a arca onde ele foi sepultado originalmente. Fragmentos de pele, fios de cabelo e um osso do pé que teria sido de Antônio também estão expostos. Outra relíquia exibida são as suas cordas vocais, igualmente preservadas.

Parodi é o autor das estátuas da balaustrada – *S. Francesco d'Assisi*, *La Fede*, *L'Umilt*à, *La Penitenza*, *La Carità* e *S. Bonaventura* – e de *S. Antonio in Gloria*, acima do nicho central.

Mais alguns passos e chega-se à capela das bênçãos. Ali, o tempo todo há um sacerdote abençoando os peregrinos com água benta e distribuindo santinhos com orações. A capela seguinte do percurso é a da penitência, onde o fiel pode se confessar, se quiser, e rezar. Há ainda a capela do Santíssimo, ponto central da fé católica em todos os templos da religião. É onde a hóstia eucarística fica exposta vinte e quatro horas por dia, significando, para quem crê, a presença de Jesus Cristo.

O percurso encerra-se no Altar Maggiore, o altar principal onde o peregrino é convidado a participar de alguma das missas diárias – elas ocorrem praticamente de hora em hora.

Ali estão as maiores obras de arte da basílica: as quatro belas estátuas de mármore executadas em 1594 por Tiziano Aspetti (1559-1606), e um conjunto de sete imagens de bronze feitas por Donatello (1386-1466). São elas: *San Ludovico* (que mede 1,64m), *Santa Giustina* (1,53m), *San Francesco* (1,47m), *Madonna col*

Bambino (1,59m), *Sant'Antonio da Padova* (1,45m), *San Daniele* (1,53), *San Prosdocimo* (1,63m). No total, o altar principal tem trinta esculturas e o arranjo contemporâneo, realizado em 1895, é obra do arquiteto, restaurador, historiador e crítico de arte Camillo Boito (1836-1914).

Em escaninhos ao longo do trajeto, é comum que o peregrino se depare com folhetos e santinhos dedicados a propagar a devoção ao religioso. Um deles é particularmente dedicado às crianças, com uma prece específica. Em tradução livre, seria algo assim:

> *Oração das crianças a Santo Antônio*
>
> *Caro Santo Antônio,*
> *Você é amigo de Jesus e de todas as crianças.*
> *Ajuda-me a viver sempre em amizade com Deus*
> *e a crescer em bondade.*
> *Afasta-me de mim as doenças*
> *e os perigos da alma e do corpo.*
> *Rezo pelas pessoas que sofrem*
> *e pelos pobres do mundo.*
> *Abençoe a mamãe e o papai*
> *e seja sempre o nosso protetor.*
> *Amém.*

Também há um formulário – não apenas em italiano, mas em diversos outros idiomas, inclusive em português, inglês e espanhol – no qual o peregrino pode preencher dados pessoais e remeter, pelo correio ou por e-mail, seus pedidos de oração para os frades da basílica. No verso, lê-se uma oração:

Ó Deus, Pai cheio de bondade e misericórdia,
que escolhestes Santo Antônio como testemunha do
Evangelho e mensageiro da paz no meio do vosso
povo,
escutei a oração que nós Vos dirigimos pela sua
intercessão.
Santificai todas as famílias,
ajudai-as a crescer na fé,
conservai nelas a unidade, a paz e a serenidade.
Abençoai os nossos filhos,
protegei os jovens.
Socorrei os que estão marcados pela doença,
pelo sofrimento e solidão.
Sustentai-nos nos cansaços de cada dia,
doando-nos o vosso amor.
Por Cristo nosso Senhor.
Amém.

Os religiosos recebem cerca de 6 mil cartas por mês, de todas as partes do mundo.

Mas sem dúvida a mais curiosa dessas lembrancinhas religiosas é o bem-acabado santinho que traz, conforme o próprio texto diz, "um pedacinho de tela que tocou na Sagrada Língua de Santo Antônio". Também com versão em português, o pequeno folheto tem, no centro inferior, uma transparência onde se pode ver, preservado, um pequeno quadradinho de tecido, de cerca de 0,5 centímetro de lado, que teria tocado na sagrada relíquia. A oração é a seguinte:

> *Ó Deus Pai bom e misericordioso,*
> *que escolheste Santo Antônio*
> *como testemunha do Evangelho*
> *e mensageiro de Paz,*
> *no meio do Teu povo,*
> *ouve a nossa prece por sua intercessão.*
> *Santifica todas as famílias,*
> *ajuda-as a crescer na fé;*
> *conserva-as na unidade, na paz e na serenidade;*
> *abençoa os nossos filhos, protege os jovens.*
> *Socorre todos os que estão aflitos pela doença,*
> *pelo sofrimento e pela solidão.*
> *Sê a nossa proteção nos trabalhos de cada dia e concede-nos o Teu amor.*
> *Por Jesus Cristo nosso Senhor.*
> *Amém.*

A enorme basílica não é o único ponto de peregrinação antoniana da Pádua contemporânea. Il Caminno di Sant'Antonio, uma rota conhecida da devoção ao religioso, compreende os três pontos da morte do santo.

Parte de Camposampiero, cidade de dez mil habitantes vizinha a Pádua.

Exatamente a 21 quilômetros da basílica de Santo Antônio fica um jardim com robustas nogueiras e belas tílias. Ao fundo, uma pequena capela batizada de Santuario del Noce recorda o local onde o religioso estava quando começou a agonizar, em 1231. O nome se explica: na época de Antônio, ali havia uma pequena cela construída sobre uma nogueira – local utilizado por ele para retiros e oração.

A igrejinha foi erguida em 1432. Décadas mais tarde, o local ganhou um conjunto de afrescos retratando os principais milagres de Santo Antônio, obras de Girolamo Tessari (1480-1561).

O jardim tem ainda uma coleção de seis esculturas em bronze, batizada de *Il Sentiero di Antonio Vangelo e Caritá* e inaugurada no ano 2000. Assinadas pelo artista Romeo Sandrin, as obras evocam passagens da vida de Antônio e convidam a um percurso contemplativo de duzentos metros.

Na outra ponta está Il Santuario della Visione, igreja dedicada a São João Batista. A construção atual é de 1909 – contudo, uma ancestral versão que havia no mesmo lugar foi local de pregações e missas celebradas por Santo Antônio.

Não longe dali, já no município de Pádua, está o Santuario dell'Arcella – Arcella é o nome do bairro na região norte da cidade –, também conhecido como

Sant'Antonino. Foi nesse local, um retirado convento de freiras, que Antônio morreu, em 13 de junho de 1231. A construção atual da igreja é recente, data de 1931. Ali está preservado, entretanto, o quarto onde o santo deu seu último suspiro após, fragilizado e à beira da morte, ter sido acolhido pelas religiosas.

CAPÍTULO 2

LISBOA

A infância de Fernando, descendente de um dos líderes da Primeira Cruzada e de um nobre espanhol, sua criação de elite no centro de uma cidade medieval e o despertar de sua vocação religiosa.

Santo Antônio de Pádua, o homem que tomou para si o nome da cidade e rendeu a ela fama mundial, não nasceu Antônio, muito menos paduano. Por batismo, Santo Antônio se chamava Fernando. E nasceu em Lisboa, que na época ainda não era capital de Portugal.

Naqueles tempos, com a maioria do povo iletrada, o mais comum era que nomes próprios fossem só um. Ou, no máximo, o nome e o patronímico – para indicar filho de quem era a pessoa, afinal. Claro que no caso de famílias ilustres, por orgulho, tradição e conveniência, existia o hábito de herdar sobrenomes. E essa era a situação da casa onde nasceu o santo.

De modo que quando veio ao mundo, em 15 de agosto de 1195, o menino foi chamado de Fernando Martins de Bulhões e Taveira de Azevedo. Era filho de Martim de Bulhões, daí o Martins que carregaria como patronímico, com Maria Thereza Taveira de Azevedo – ambos de famílias importantes na sociedade lisboeta da época.

Fernando recebeu o mesmo nome de um tio, que era padre e mestre-escola[1] na Sé de Lisboa. A catedral, chamada oficialmente de Basílica de Santa Maria Maior, já funcionava quando ele nasceu, mas sua construção, iniciada em 1147, só terminaria nos primeiros anos do século seguinte. Foi lá, aliás, que o menino recebeu o batismo oito dias após o nascimento – e a pia batismal, preservada, tornou-se objeto de veneração. Presume-se que o tio homônimo tenha sido o padrinho de Fernando.

A nobreza de sua família tinha lastros tanto paterno quanto materno. Os Bulhões ostentavam o fato de que eram herdeiros de Godofredo (1058-1100), um dos líderes da Primeira Cruzada – como ficaram conhecidos movimentos militares de motivação cristã que, ao longo da Idade Média, partiram da Europa para Jerusalém com o objetivo de conquistar, ocupar e manter sob domínio católico a região considerada sagrada.

Quando a Terra Santa foi tomada pelos cavaleiros europeus, Godofredo de Bulhões foi aclamado o primeiro soberano do Reino Latino de Jerusalém – acabou recusando o título de rei, por julgar inoportuna a coroa no mesmo local onde Cristo teria sido flagelado e coroado de espinhos. Acredita-se que o menino Fernando era neto do sobrinho de Godofredo.

1.Era um cônego, de hierarquia eclesiástica inferior, e incumbia--se de funções similares ao de um professor primário, alfabetizando crianças.

Do lado materno, conforme contam hagiógrafos antigos, os Taveiras descendiam de um antigo monarca asturiano, região hoje pertencente à Espanha: Fruela I (722-768 d.C.), conhecido como "O Cruel" pela sua rígida disciplina.

Assim, era mesmo de se supor que o futuro santo tivesse ganhado nome e sobrenomes. Também era de se imaginar que ele vivia com certo conforto para a época, tendo pelo menos uma ama que ajudava a mãe com os afazeres domésticos e com a criação dos filhos. Além de Fernando, o casal teve outros três: Vasco da Veiga, Egídio e Maria – os dois últimos também se tornariam religiosos, respectivamente no mosteiro de São Vicente e no convento de São Miguel das Damas. Registros ainda apontam que a casa dos Bulhões ficava na frente da porta oeste da catedral de Lisboa – não à toa, o endereço hoje abriga a Igreja de Santo Antônio de Lisboa.

O Reino de Portugal era um conceito novo. Havia sido criado em 1139 e estava no segundo monarca da primeira dinastia, a casa de Borgonha. Depois de Afonso I (1109-1185), o cetro estava com seu filho Sancho I (1154-1211). Naquela época, a capital de Portugal era Coimbra. A família real iria se mudar para Lisboa apenas em 1255.

Embora não haja um consenso entre historiadores, muitos acreditam que Martim, o pai de Fernando, era mais do que um fidalgo; era o prefeito de Lisboa, uma cidade em reconstrução depois da retomada dos trezentos anos de dominação moura. Um exemplo que ilustra bem o momento de reconquista ibérica é a própria catedral, que por ordens do primeiro rei de Portugal, Afonso I, fora erguida no mesmo local onde os muçulmanos haviam se aproveitado da existência de uma velha igreja para transformá-la em mesquita.

O que se sabe com certeza é que Martim era um homem de posses. Além da casa na região central de Lisboa, contava também com uma quinta, onde cultivava trigo, parreiras e outros insumos e mantinha alguns cavalos. Nesse contexto, o menino Fernando era um privilegiado, uma criança da elite portuguesa.

Mas voltemos ao seu nascimento. A data de 15 de agosto de 1195 pode não ser real. Em um tempo de parcos registros, há quem acredite que a tradição acabou inventando o dia em alusão à comemoração católica da festa da Assunção de Nossa Senhora.

O alemão Hugo Röwer (1877-1958), nome civil do religioso franciscano Frei Basílio, um dos mais importantes hagiógrafos a escrever sobre Antônio, afirma que "para usar as palavras da Sagrada Escritura, Deus preveniu a criança com magníficas bênçãos". "A circunstância de ter nascido no dia festivo da Assunção de Nossa Senhora foi o presságio de sua terna devoção à Maria Santíssima, cuja Assunção gloriosa ao céu iria mais tarde pregar nos seus sermões e com cujo hino nos lábios iria transpor o limiar da eternidade", escreve o frade.

Em contrapartida, o frade franciscano português Fernando Félix Lopes, outro importante biógrafo do santo, parece não ter tanta certeza assim. "Eu diria que foi o povo quem imaginou a data de modo tão preciso", crava. "Nos seus cálculos para nada entrou a erudição, está de ver. A devoção e piedade, sozinhas, encarregaram-se de fazer a conta."

"E pode ter sido assim: durante toda a vida consagrou Santo Antônio à Mãe de Deus afeto terno e quente, e em paga sempre a Mãe de Deus lhe dispensou desvelada proteção. Até parece, pensaria o povo que às vezes mistura a sua fé com reminiscências poéticas de velhas astrologias, até parece que a *'stella matutina'*, a Senhora Santa Maria, foi a estrela que logo à nascença o bem-fadou. E talvez daí partisse para lhe marcar o nascimento no dia grande da sua festa de agosto", completa.

Em 1981, quando exames antropométricos foram realizados em sua ossada, concluiu-se que se tratavam de restos compatíveis com um homem de mais de 40 anos. Como se sabe que Antônio morreu em 13 de junho de 1231, talvez ele tenha nascido um pouco antes de 1190. Estudiosos de sua vida e obra creem que o mais correto seja acreditar no ano de 1188 – o que eliminaria diversas contradições de sua biografia. Com três salas dedicadas ao culto e à história do religioso, o Museu de Lisboa: Santo Antônio, inaugurado em 2014 no centro da capital portuguesa, crava em seu site o ano de 1195 – mas ressalta que o 15 de agosto remonta a uma tradição possivelmente inaugurada no século XVII. Em letreiro afixado no local, contudo, a mesma instituição dá como certo o nascimento do mesmo em 1191.

Aos domingos, Martim costumava levar a família para passear. Tinha uma carruagem, puxada por cavalos. Visitavam quintas da região e passavam horas admirando o vaivém dos barcos no porto. Na época, o burburinho de Lisboa se devia à agitação de marinheiros e pescadores.

Nessas jornadas com os pais, um destino comum era o Mosteiro de São Vicente, da ordem dos agostinianos, no alto de um morro não muito longe da casa dos Bulhões. Ali costumavam assistir a missas.

O menino admirava a liturgia, encantava-se com as batinas brancas cobertas por cogulas[2] escuras dos monges e a maneira como eles entoavam os cânticos. Acredita-se que aos 5 anos, fascinado pela vida religiosa, ele próprio teria se consagrado a Deus, prometendo que se tornaria sacerdote. A mãe, Maria Thereza, incutia a religiosidade no filho. Em casa, costumava contar para ele histórias de santos e ensinava-lhe orações e cânticos cristãos.

É da infância a narrativa considerada o primeiro milagre do santo. Conta-se que certa vez ele foi com o pai, apenas os dois, para a quinta da família. Chegando lá, Martim notou que havia um número grande de aves devorando as sementes nas bagas de trigo e, assim, ameaçando a futura colheita. Preocupado, pediu para

---
2. Tipo de túnica característica de determinadas ordens religiosas.

Fernando tentar espantar os bichos enquanto ia chamar ajuda para dar um jeito na situação. O garoto correu o mais que pôde, mas não vencia; tocava os pássaros de um lado, eles iam para o outro. Então, decidiu conversar com eles. Chamou-os todos para o estábulo, pediu para se aquietarem lá. Os animais teriam obedecido. Quando o pai retornou e presenciou a cena, todas as aves aguardando em silêncio, ficou boquiaberto.

Dizem também que, certa vez, Fernando caminhava pela rua e encontrou uma mulher chorando. Perguntou o motivo e ouviu dela a lamúria de que estava indo apanhar água no poço e que uns meninos a atrapalharam, fazendo-a derrubar e quebrar o cântaro em pedacinhos. O garoto foi até o entorno do poço, recolheu os cacos, juntou-os e entregou de volta o cântaro, intacto, para a mulher.

Outra história que se tornou famosa sobre a infância do menino foi que ele teria sido tentado pelo demônio, que lhe aparecera na forma de cão. Para afastá-lo, fez o sinal da cruz, com a ponta dos dedos, em um degrau de mármore da igreja. O crucifixo, em baixo relevo, imprimiu-se na pedra – e o cachorro não tornou mais a incomodá-lo. Coisas estranhas ocorriam com aquele garotinho.

Uma pequena oração, atribuída a ele, teria sido criada ainda pelo Fernando menino. É conhecida como "bênção de Santo Antônio" e costuma ser usada para repelir forças do mal.

> *Eis a Cruz do Senhor:*
> *Presenças inimigas fugi!*
> *Venceu o Leão da Tribo Judá,*
> *Filho de Davi! Aleluia!*

Tanto Leão de Judá quanto Filho de Davi são denominações proféticas para Jesus Cristo.

A erudição perceptível nos sermões e ensinamentos do religioso tem suas bases na infância e na adolescência. Fernando, como filho de origem abastada, pôde estudar na escola episcopal, instalada na Sé e mantida pelos religiosos da Ordem dos Cônegos Regrantes de Santo Agostinho. Foi ali, possivelmente tendo seu tio como um dos professores, que o menino aprendeu a ler e a escrever o latim aos 7 anos de idade. Alternava os estudos com as orações – era um dos mais assíduos coroinhas a auxiliar nas celebrações da catedral. É por isso, para lembrar de seus serviços como ajudante de missa, que existem imagens sacras de Santo Antônio nas feições de criança, vestido com a sobrepeliz[3] de coroinha.

Na escola, aprendeu o *trivium*, ainda pequeno, e o *quadrivium*, na adolescência. Era por meio desses dois conjuntos que se organizavam as disciplinas básicas nas poucas e restritas escolas da época. O *trivium* eram as chamadas três artes liberais: gramática, retórica e dialética. Denominados os "três caminhos que levavam ao saber",

---

3. Nome que se dá para veste litúrgica comumente utilizada por coroinhas.

os ensinamentos eram conduzidos pelo professor a partir de comentários aos compêndios de Priscianus Caesariensis (480-530 d.C.), gramático autor de *Institutiones Grammaticae*, e Aelius Donatus (320-380 d.C.), autor de *Ars Grammatica*, entre outros ícones da educação medieval.

Só mais tarde vinham as quatro artes tidas como complementares: aritmética, geometria, astronomia e música. Obedecendo ao pai, que naturalmente possuía cavalos, quando Fernando completou 15 anos também foi estudar cavalaria.

Fazia sentido. Os mouros vinham novamente atacando e tentando retomar Portugal. Em um tempo permeado por conflitos bélicos, era de bom tom que fidalgos dominassem essa arte, ou seja, estivessem prontos para atuar como soldados a serviço do Reino.

Mais que isso, tornar-se cavaleiro era também uma maneira de suceder o pai. Assim, Martim contratou instrutores para preparar o filho nas artes marciais, na equitação e na esgrima.

Fernando era aplicado aprendiz de tudo o que lhe ensinavam. Porém, não parecia ter predileção nem aptidão natural para a guerra. Mesmo que na infância, como todo menino, brincasse com simulações bélicas – usando frutas como alvo, por exemplo –, não era algo que ultrapassasse nele o lúdico a ponto de poder ser encarado como profissão de vida, trabalho ou meta. Em suma, para Fernando a ideia de lutar contra alguém parecia ferir seus princípios.

O moço crescia e tornava-se um daqueles que reunia as melhores características da época: estirpe familiar, boas condições financeiras, estudos sólidos. Era o retrato de um bom futuro, o que, naturalmente, despertava interesse de outras famílias que vislumbravam casar uma filha com ele.

Do contato com meninas, conta-se que tinha grande apreço por uma prima, mais ou menos da mesma idade. Era particularmente atraído pelos belos cabelos da garota e, sempre que visitava os tios, demorava-se acariciando as madeixas dela, deslizando as mãos com suavidade por sua cabeça. O pai da moça não escondia o desagrado por tal gesto.

Diz-se então que, certa vez, quando Fernando foi até a casa dos parentes, encontrou a prima prostrada, chorando aos soluços. "O que foi que aconteceu?", perguntou o jovem. E ela lhe disse que, por causa do comportamento dos dois, o pai havia mandado cortar seus longos cabelos. Fernando não pareceu preocupado. Perguntou para a menina onde estavam as mechas. Ela tinha guardado em uma caixa e foi lá buscar. Ele então pegou os fios, encostou-os novamente na cabeça da prima e, para o encanto dela, a cabeleira voltou ao devido lugar.

Contudo, fosse porque se lembrasse dos tais votos feitos ainda aos 5 anos, fosse porque realmente identificasse em si uma vocação clerical, Fernando parecia não se interessar por flertes, namoricos, acertos de casamento. Para o Frade Fernando Félix Lopes isso não ocorria naturalmente; mas, sim, os hormônios da adolescência eram enfrentados com vigor pelo jovem Fernando – que, de acordo com o frade, não queria ceder aos apelos da carne pelo comprometimento firmado com Deus.

"Descuidoso e feliz passou Fernando a sua infância entre a escola e a casa de seus pais, e em simpleza de costumes lhe correu a vida até completar os 15 anos", escreve ele. "Eis senão quando – é o velho legendista quem afirma – ao entrar na adolescência se lhe desencadeou na alma tormenta rija: o acicate da carne, abrupto e violento, começou de o esporear e aos empurrões arremaçava com ele para as concupiscências ilícitas."

Lopes prossegue dizendo que o moço, "muito embora atrapalhado com a surpresa, nem por isso cedeu largando rédeas a más inclinações e apetites". "Antes, sobrepondo-se à fragilidade da natureza humana, resoluto se atirou aos trabalhos de sofrear os ímpetos desordenados e as ousadias da carne."

Foi nesse contexto que o jovem Fernando começou a se cansar do mundo – ao menos do mundo secular e laico, do mundo dos homens e das coisas passageiras. Lembrava-se da colina onde ficava o Mosteiro de São Vicente, dos monges com suas túnicas, daqueles momentos que lhe eram tão agradáveis nos passeios dominicais com a família. Talvez já fosse chegada a hora de começar sua missão, de trocar a morada dos pais pela casa religiosa. De certa forma, cumprir de fato a consagração que havia feito aos 5 anos de idade.

Ou, como Antônio falaria mais tarde em um de seus famosos sermões, Fernando não se sentia à vontade na busca da fortuna individual, tampouco cultivava vaidade ou orgulho. Seu destino seria outro.

CAPÍTULO 3

COIMBRA

O jovem entra em um mosteiro para se tornar sacerdote e é transferido para outro onde se aprofunda tanto nas escrituras que passa a ser reconhecido como doutor. Por fim, acompanha a história de um martírio que dá novo rumo à sua vida.

No alto de uma das sete colinas de Lisboa, local onde cruzados que morreram lutando contra os mouros pela reconquista da cidade foram enterrados, Afonso I prometeu erguer uma casa religiosa. Foi assim que, no século XII, o primeiro rei de Portugal construiu o Mosteiro de São Vicente de Fora. Conforme informações do Arquivo Nacional da Torre do Tombo, o convento foi inaugurado em 1147 – mas sua construção só ficou pronta em 1162.

Pertencia aos cônegos regrantes de Santo Agostinho, ordem religiosa que surgiu após as exortações do Concílio de Latrão, realizado em 1059. Segundo os registros da Torre do Tombo, a jurisdição dada ao prior do Mosteiro de São Vicente de Fora era "quase episcopal". Ou seja, o grande reconhecimento da importância do local fazia com que a autoridade monástica fosse tratada de modo equivalente a um bispo, "tendo autorização para usar báculo, mitra e anel[4] em cerimônias solenes, em que não participasse o bispo de Lisboa", registra a crônica histórica.

---
4. Cajado, cobertura de cabeça e aliança usados por bispos.

Na Europa medieval, os monges de Santo Agostinho representavam uma das duas grandes tradições monásticas do cristianismo – a outra era vivida pelos de São Bento. De modo simplificado, a regra dos agostinianos consistia em uma adaptação relativa à tradição dos beneditinos, conjunto de preceitos para a vida monástica escrito por Bento de Núrsia (480-547 d.C.) e que até hoje norteia a maior parte das ordens religiosas católicas.

Naquela época, contudo, enquanto os beneditinos adotavam hábitos mais reclusos, fiéis ao lema *"ora et labora"* – a oração combinada ao trabalho –, os agostinianos tinham uma vida mais aberta ao entorno, prestando serviços de assistência social aos pobres e, atividade preferida do jovem Fernando, seguindo zelosos ao estudo. Havia inclusive uma determinação papal de que os agostinianos contribuíssem para a melhoria do mundo, em vez de se fecharem no claustro.

Em 1173, a casa religiosa acolheu as relíquias de São Vicente, mártir cristão que provavelmente morreu em 304 d.C., em Valência, atual Espanha. Isso tornou o local destino de peregrinações – ao mesmo tempo, propiciou que obras de ampliação dotassem o complexo de hospital e um albergue. Ali também funcionava uma escola de primeiras letras, aberta à comunidade. A biblioteca monástica, com livros escritos à mão, contava com 116 volumes – número considerável para aqueles tempos.

Mas, para nossa história, a linha mais importante dos registros do Tombo sobre tal mosteiro é esta: "Em

1210, professou em São Vicente aquele que viria a ser Santo Antônio de Lisboa".

Se considerarmos a data de nascimento da tradição popular, Fernando tinha de 14 para 15 anos. Se considerarmos a estimativa histórica que faz mais sentido, ele já era um jovem de 21 ou 22 anos quando tomou a decisão de ingressar para a casa religiosa.

Fernando abdicava, portanto, da vida mundana. Não iria procurar uma moça casadoira para com ela viver e ter filhos. Não iria se tornar cavaleiro como o pai. Ele havia escolhido: sua família seria a Igreja; suas batalhas seriam com as armas da fé.

Uma decisão desse quilate, como não podia deixar de ser, não foi tomada da noite para o dia. Também não ocorreu sem resistência familiar. Durante a adolescência, foram muitas as tentações vividas por Fernando. Conta-se, inclusive, que criadas que trabalhavam em sua casa faziam apostas entre si para ver quem conseguiria seduzir primeiro o patrãozinho. Perturbado, ele teria resistido a todas as investidas.

Quando Fernando comunicou sua decisão aos pais, Martim foi contra: "Por que não se torna cavaleiro e leva a vida de fidalgo que lhe é de direito? Pode entrar, quem sabe, para o serviço da corte... Por que não se casar e constituir uma família?", interpelava-o.

A mãe, por outro lado, devota da Virgem Maria, emocionava-se com a vocação do filho e, aos poucos, tratava de convencer Martim a aceitar a situação.

Fernando contava ainda com os conselhos e o carinho do tio homônimo, aquele que era cônego.

"Supere a sua fragilidade e prenda suas rédeas quando a concupiscência da carne se puser a mover-se", dizia o sacerdote, preocupado com os hormônios à flor da pele do menino. "Os pés que ainda não pisaram totalmente nos desvãos do mundo, esses mesmos pés o levarão pelo caminho de Deus. Evite sujá-los no barro dos prazeres mundanos, retraia as pernas e se dirija ao sagrado."

Passaram-se cerca de cinco anos para Fernando digerir suas dúvidas. Ele pensou e repensou. Rezou sempre pedindo ajuda dos Céus para que tomasse a melhor decisão. No período, era comum subir até a colina onde estava o Mosteiro de São Vicente de Fora. Dali podia contemplar o horizonte, apreciar a cidade. Gastava horas meditando, orando e se familiarizando com a vida religiosa.

Assim que finalmente ingressou na ordem religiosa, foi recebido pelo prior Pedro Mendes. Seu acompanhamento foi delegado a Gonçalo Mendes, diretor espiritual dos noviços. A administração da comunidade monástica acolheu o jovem com alegria e indisfarçável orgulho – o fato de ser de família nobre de Lisboa e ter sólidos conhecimentos de base o deixavam em uma condição promissora dentre os futuros religiosos.

No convento, Fernando mergulhou nos estudos. Na maior parte do tempo preferia ficar sozinho, recolhido em sua cela ou em caminhadas solitárias pelo claustro. Meditava e rezava. Estudava religião e história. Aproveitava o convívio dos mais velhos para aprender mais. Pela primeira vez, passou a ter contato com gente vinda de outros centros importantes da Europa, como Paris, Bolonha e Roma. Essa interação contribuía de modo especial para sua formação. Fernando entendia que o mundo era muito mais do que aquilo que sempre vira em Lisboa. Passou a ter acesso a culturas de outros lugares e isso também o fascinava.

Após um ano, tendo cumprido com disciplina e louvor as regras da vida religiosa, Fernando fez a profissão solene. Foi quando firmou, para Deus e para a comunidade, os votos de pobreza, castidade, obediência e estabilidade – este último, característica de vida monástica, é o compromisso de residir na mesma casa religiosa até a morte.

Entretanto, nem tudo lhe era agradável em São Vicente de Fora. A localização do mosteiro, tão perto de sua vida anterior mundana, perturbava-o. Eram comuns as visitas de amigos e parentes, que traziam preocupações, anedotas e histórias que pareciam, ao jovem religioso, miragens de uma vida que não mais lhe pertencia.

Diante de tal situação, viu-se pronto para desrespeitar o quarto voto, o da estabilidade. Percebeu que, se quisesse mesmo a tranquilidade que julgava necessária para sua vida de santidade, era preciso mudar para longe dali. Na *Legenda assídua*, escrita por um frade anônimo um ano depois da morte do santo, em 1232, e tida como a mais antiga biografia de Antônio, a informação é de que ele permaneceu por "quase dois anos" em São Vicente de Fora, tendo "aturado um sem-número de amigos, importunos para os espíritos piedosos". "Com o fim de acabar com toda a ocasião de perturbação desta natureza", prossegue o texto, "decidiu deixar a terra natal, e aferrar em porto mais sossegado e seguro, onde sem empecilhos pudesse entregar-se a Deus e em paz cultivar a perfeição."

A transferência, no entanto, não foi tão simples assim. Gonçalo Mendes não queria perder aquela joia tão importante cujo processo de lapidação lhe havia sido confiado. Argumentou sobre a importância do voto de estabilidade, usou toda a retórica para convencer o jovem religioso. De nada adiantou. Fernando estava convencido de que precisava de novos ares.

Conseguiu a sonhada mudança em algum momento entre o fim de 1211 e início de 1212. Seguiria sendo um agostiniano, contudo em Coimbra – duzentos quilômetros ao norte de Lisboa. Foi para o Mosteiro de Santa Cruz, mais antiga instituição da ordem dos regrantes em Portugal, fundado em 1131, conforme atestam os registros da Torre do Tombo. Na época, cerca de sessenta religiosos viviam no convento – em virtude do nome, eram conhecidos como crúzios.

Tudo conspirava para Fernando se tornar ainda mais intelectualizado. Coimbra era a capital do país.

O mosteiro tinha uma importância gigantesca para a sociedade portuguesa da época. Para se ter uma ideia, eram os monges que escreviam a correspondência real – uma vez que o rei, como a maior parte da população de então, era analfabeto – e isso conferia ao local um poder administrativo. Em Santa Cruz ficava arquivado o tesouro régio e ali foram enterrados o primeiro rei de Portugal, Afonso I, e sua mulher, Mafalda de Saboia (1125-1157).

Lá, Fernando deparou-se com uma biblioteca ainda mais completa do que a anterior. Santa Cruz era considerado o mais importante centro de estudos sagrados e profanos de Portugal. Havia muitos livros religiosos, mas também obras fundamentais de história, astronomia, medicina, matemática, retórica, gramática, letras jurídicas. Títulos de Sêneca (4 a.C.-65 d.C.), Solino (que provavelmente viveu no século IV) Cícero (106-43 a.C.), Varrão (116-27 a.C.), Lucrécio (99-55 a.C.), Horácio (65-8 a.C.), Terêncio (185-159 a.C.), Virgílio (70-19 a.C.), Lucano (39-65 d.C.), Plínio (23--79 d.C.) e, claro, a filosofia e a teologia do patrono Santo Agostinho (354-430 d.C.).

Os crúzios atuavam como copistas e encadernadores. Não era raro que viajassem para outros países em busca de novas obras para a coleção. Todo esse contexto contribuiu para a formação de Fernando, principalmente quanto ao aprofundamento filosófico e teológico. Conforme bem comentou o Papa Gregório IX (1170-1241) na canonização de Santo Antônio: ele se mudou para Coimbra com o objetivo de se tornar sacerdote; contudo, sairia de lá como um verdadeiro doutor.

"Cultivava sempre com grande empenho o engenho e exercitava o espírito com a meditação; e, nem de dia nem de noite, segundo a disponibilidade do tempo, negligenciava a '*lectio divina*'.[5] E se por um lado, ao ler o texto da verdade histórica robustecia a fé pela comparação alegórica; por outro, aplicando a si mesmo a Escritura, por ela afeiçoava os usos e costumes", afirma a *Legenda assídua*, sobre seu período coimbrense. "Se por um lado, pesquisando com afortunada curiosidade a profundeza das sentenças de Deus, fortificou a inteligência com os testemunhos da Escritura, face às insídias do erro; por outro, examinou com aprimorada investigação as sentenças dos Santos. Por último, confiava o que lia à memória com tanta segurança, que conseguia revelar a todos prontamente os segredos das Sagradas Escrituras."

Foi durante os anos em Coimbra que, pela primeira vez, alguns começavam a enxergar santidade no comportamento de Fernando. Principalmente pelo fato de que ele jamais se queixava ou demonstrava raiva, mesmo quando fortemente contrariado. Mas também pela sua vida de retidão, integridade e devoção. Fernando era um homem focado. E, ali, longe da vida

---

5. Leitura orante. Trata-se de um método de oração, reflexão e contemplação utilizado sobretudo por religiosos de vida monástica.

pregressa, longe de família e amigos, nada parecia desconcentrá-lo dos estudos e das orações.

Não há registros nem consenso entre pesquisadores sobre quando exatamente teria sido sua ordenação sacerdotal. O mais provável é que a cerimônia tenha ocorrido entre o fim de 1218 e o início de 1220. Como era praxe na época, a solenidade foi na catedral da cidade, hoje conhecida como Sé Velha de Coimbra, em missa presidida pelo bispo – posto ocupado por Pedro Soares (1193-1232), segundo registros da Diocese de Coimbra. Levantamento realizado por Fernando Félix Lopes, considerando as datas em que ordenações sacerdotais ocorreram na diocese, apontam para seis dias possíveis a investidura de Fernando: 21 de setembro ou 21 de dezembro de 1219; 15 de fevereiro, 14 de março, 28 de março ou 23 de maio de 1220.

Mas se o ordenamento clerical representou a coroação de sua dedicação e afinco aos estudos, foi também em Coimbra que se acendeu de vez nele a vontade de deixar a vida ascética para trás e interagir de modo mais intenso com o mundo.

A chama teve a ver com outro importante religioso que depois se tornaria santo: Francisco de Assis. Nascido Giovanni di Pietro di Bernardone (1182-1226), o italiano filho de uma bem-sucedida família burguesa de Assis teve uma juventude de extravagâncias, algazarras e prazeres mundanos. Quando se converteu, decidiu abdicar de toda a riqueza e, em um dia a dia de pobreza, dedicar sua vida a Deus. Fundou a Ordem dos Frades Menores em 1209 e, desde então, passou a congregar religiosos em vestes simples, praticamente em farrapos, descalços, prestando auxílio aos mais pobres, sobrevivendo da mendicância e em contato com a natureza.

Fernando estava desempenhando a função de porteiro da hospedaria do mosteiro quando acolheu um numeroso grupo de missionários franciscanos, liderados pelo Frade Giovanni Parenti (?-1250) – designado ministro provincial da ordem para a Península Ibérica. Por meio deles, soube das histórias de Francisco de Assis, do trabalho realizado pelos frades menores e da vida de pobreza que eles levavam.

Tornou-se imediatamente admirador dos franciscanos, aqueles homens que se entregavam a Deus de modo pleno, em absoluta pobreza, e não deixavam de assistir necessitados e doentes. Mais que isso: não se fechavam em conventos; andavam o mundo. Inquieto, começou a refletir se tal caminho não seria mais compatível com suas aspirações. Sobretudo pela missão que eles tão bem pareciam desempenhar: converter os não cristãos pela força da fé e da palavra, e não por meio das armas.

A Cruzada dos franciscanos era pela conversa, e não pela guerra. Eles acreditavam na reconquista como a conversão das almas, e não na tomada de terras. Exatamente como pensava Fernando, avesso a qualquer comportamento bélico. Afinal, ele não queria conquistar a Terra Santa; mas, sim, trazer os não cristãos ao catolicismo.

No fim do mesmo ano, Santa Cruz recebeu mais um grupo de franciscanos. Dessa vez, três religiosos e dois irmãos ainda não ordenados, enviados pelo próprio Francisco de Assis: eram eles os frades Bernardo, Oton e Pedro, e os irmãos leigos Adjuto e Acúrsio. A estadia em Coimbra serviria apenas como escala para a missão, que consistia em ir até Marrocos para pregar o Evangelho no meio dos muçulmanos.

Fernando ofereceu a eles alojamento e não economizou perguntas para conhecer ainda mais sobre a trajetória, o trabalho e o carisma dos franciscanos. Apesar das dificuldades da vida errante, eles pareciam felizes. Com suas túnicas grosseiras, pés nus, vivendo só de esmolas – da chamada providência divina –, os cinco cantavam o tempo todo. Festejavam a existência. Celebravam a natureza. Acreditavam no amor.

Depois da escala em Coimbra, os franciscanos foram para Sevilha, Espanha. A cidade estava dominada pelos mouros e eles lá chegaram disfarçados, como se fossem camponeses. Descobertos, foram presos e torturados. Quando recuperaram a liberdade, seguiram o caminho. Fingindo ser comerciantes, conseguiram atravessar o estreito de Gibraltar e, finalmente, atingiram o destino planejado: a cidade de Marraquexe, no Marrocos.

Nessa cidade, o quinteto enfrentou uma série de dissabores, insistentes que foram na pregação da fé cristã. Eles evangelizavam em praça pública quando acabaram presos pela primeira vez em solo africano. Seus julgadores concordaram em libertá-los, sob a condição de que não tornassem a propagar o catolicismo por ali.

Desrespeitaram o combinado e novamente foram detidos. Dessa vez, sofreram consequências mais fortes: condenados, apanharam muito, primeiro com chicotes, depois amarrados com cordas e, por fim, tiveram alguns ossos quebrados.

Libertados mais uma vez, os cinco franciscanos foram levados para Ceuta, 640 quilômetros ao norte. Dali, o plano marroquino era que terminassem sendo repatriados. Mas os teimosos religiosos conseguiram ludibriar de novo as forças de segurança e, de quebra, retornaram a Marraquexe.

Os inveterados pregadores não desistiam. Em outra tentativa de difundir a fé cristã em praça pública, foram detidos como anteriormente. Em 16 de janeiro de 1220, o caso foi levado para a cúpula do governo local que decidiu pela execução do quinteto, em cerimônia aberta.

Antes, Bernardo, Oton, Pedro, Adjuto e Acúrsio passaram por um longo suplício. Açoitados, tiveram mãos e pés atados e, amarrados a cavalos, foram arrastados de um lado para o outro. Em seus corpos feridos derramaram azeite fervente. Novamente os arrastaram pelo chão, desta vez sobre cacos de vidro. Conta-se que o quinteto seguia rezando e anunciando o Evangelho durante toda a tortura.

Só foram calados com a cimitarra – a espada de lâmina curva, típica dos guerreiros muçulmanos – que os decapitou.

Depois de uma árdua negociação, com participação de um cônego de Santa Cruz e na qual possivelmente houve suborno, os restos mortais dos cinco acabaram devolvidos para "solo cristão".

Ciente da importância do episódio, o rei Afonso II (1185-1223) ordenou que os cinco mártires fossem sepultados na catedral da cidade, a Sé Velha. Quando os restos mortais chegaram, entretanto, a mula que conduzia os caixões mudou a rota e, sem que ninguém conseguisse fazê-la seguir o caminho previsto, encaminhou-se diretamente para o Mosteiro de Santa Cruz.

O povo viu nisso um sinal dos Céus. A cerimônia fúnebre ocorreria junto aos agostinianos que, na figura de Fernando, tão bem haviam acolhido os franciscanos.

CAPÍTULO 4

ANTÔNIO

Fernando troca o hábito branco e elegante dos agostinianos pela túnica rústica dos franciscanos e assume o nome de Antônio. Então, vai em missão para o Marrocos, fica doente, quase sofre um naufrágio e acaba aportando na Sicília.

Uma das missões desempenhadas por Giovanni Parenti em terras portuguesas foi a criação de um convento da Ordem dos Frades Menores em Coimbra. Em algum momento entre 1217 e 1219, portanto, foi fundado o eremitério de Santo Antão – atualmente, o local é ocupado pela Igreja de Santo Antônio dos Olivais.

Santo Antão do Deserto (251-356 d.C.), conhecido pelo epíteto de "pai de todos os monges", foi um religioso que viveu no Egito. De acordo com informações do Vaticano, sua vida "foi repleta de solidão, jejum e trabalho". "Ao ficar órfão aos 20 anos de idade, distribuiu todos os seus bens aos pobres e retirou-se para o deserto", relata a Santa Sé. "Ali, lutou contra as tentações do demônio e dedicou a sua vida à ascese e à oração. A ele deve-se a criação de famílias monacais, que, sob a sua direção espiritual, consagram-se ao serviço de Deus." Antão acabou reunindo seguidores em uma comunidade que muito se assemelhava a uma ordem monástica.

Fernando sabia, evidentemente, que um grupo de franciscanos estava instalado nas proximidades. Ele, afinal, havia hospedado alguns deles e, com frequência, era quem os recebia na portaria do mosteiro quando estes vinham pedir esmolas para seu sustento. E, cada vez mais, em seu interior, cultivava o desejo de mudar de ordem, de trocar o bonito manto branco dos agostinianos pelas puídas vestes rústicas dos franciscanos.

O religioso, no entanto, tinha consciência de que não seria nada fácil. Havia o voto da estabilidade – que ele já tinha conseguido driblar uma vez, é verdade, mudando de Lisboa para Coimbra. Contudo, transferir-se de uma instituição para outra seria ainda mais complicado. Ele precisaria de anuência de seus superiores.

Depois de muito refletir, e certamente pedir que Deus o norteasse na tomada de decisão, Fernando confidenciou aos franciscanos o desejo de se tornar um deles. "Irmãos caríssimos! Desejo receber, do fundo de minha alma, o hábito da sua Ordem", dizia o agostiniano.

Ao longo dessas conversas, muito mais teria dito: manifestou o desejo de ser enviado também em missão para a "terra dos sarracenos", porque queria ele "merecer partilhar da coroa dos mártires", conforme relata a *Legenda assídua*. Os frades menores não disfarçavam; a ideia lhes parecia muito interessante. Sabiam do caráter de Fernando e já cultivavam com ele uma amizade fraterna.

De acordo com o regulamento dos agostinianos, entretanto, uma autorização dessas só seria expedida se o religioso migrasse para uma ordem mais rigorosa.

Objetivamente é difícil julgar. De qualquer forma, enquanto a instituição fundada por Santo Agostinho era tradicional e consolidada – além do mais, calcada em sólidas bases filosóficas e teológicas, anos e anos de estudo –, a de São Francisco mal havia sido oficializada – para se ter uma ideia, a própria regra ainda era oral. Ou seja, a argumentação perante os trâmites burocráticos e hierárquicos seria das mais difíceis.

Fernando teve um verdadeiro advogado na empreitada: Giovanni Parenti. O franciscano negociou pessoalmente o passe do jovem religioso com a cúpula de Santa Cruz e fê-los ver que ele era "um franciscano entre os agostinianos". Formado em Direito na Universidade de Bolonha, Parenti desempenhava a função de juiz em Civita Castellana, na região de Roma, quando se converteu e trocou a toga pela batina. Era, portanto, um homem versado – e dotado de boa capacidade argumentativa para dialogar com os agostinianos.

Deu certo e, em algum dia entre junho e agosto de 1220, ainda de manhãzinha, um grupo de franciscanos chegou ao mosteiro de Santa Cruz. Vinham buscar o novo companheiro. Exultavam de felicidade.

Compartilhando do mesmo sentimento, Fernando parecia leve. Resoluto, imediatamente trocou o traje branco dos cônegos pelos trapos simples que usaria a partir de então. Amarrou uma corda na cintura e dispensou os calçados. Quando saía, ouviu de um agostiniano: "Vá em paz! Pode ir, que ainda vai se tornar santo!'". Não soube se o ex-colega disse isso como desejo de boa sorte, como pressentimento ou apenas para tirar um sarro. Mas, de bate-pronto, Fernando respondeu: "Obrigado, meu caro. Quando lhe contarem que me tornei um deles, louve a Deus!".

Fernando Martins de Bulhões e Taveira de Azevedo deixou para trás a vida de Santa Cruz, a ordem de Santo Agostinho e o seu passado como Fernando Martins de Bulhões e Taveira de Azevedo. A partir daquele momento, ele assumiria um novo nome: Antônio.

A prática de mudar de nome quando ingressa para uma ordem religiosa ainda não era tão comum naquela época. Ocorria de vez em quando. Mesmo no caso dos papas eleitos, costume tão arraigado hoje em dia, a nova identidade não havia se tornado praxe. Quando se tornou sumo pontífice, Mercúrio (470-535 d.C.) julgou que um nome pagão não cairia bem para o líder máximo da Igreja e decidiu se tornar Papa João II. Quatro séculos mais tarde, Pedro Canepanova (940-984 d.C.) virou João XIV – e desde então quase sempre um papa muda de nome.

Entre os religiosos que se tornam monges ou frades, a ideia de um novo batismo é justamente para simbolizar o desejo de mudar radicalmente de vida. Fernando escolheu Antônio como forma de aludir a Santo Antão – *Antonius*, na forma latina. Assim, homenageava a casa que o estava acolhendo. Mas, ao mesmo tempo, fazia referência a tudo o que havia aprendido junto aos agostinianos: afinal, a história de Santo Antão foi uma das grandes inspirações para Agostinho criar sua ordem religiosa.

A *Legenda assídua* é mais poética ao explicar isso. "Assim foi o próprio Antônio em pessoa, que, substituído o vocábulo, se impôs o nome e com ele, por um feliz presságio, designou qual havia de ser o arauto da palavra de Deus", diz o texto. "Antônio, pois, significa por assim dizer aquele que atroa os ares. E na realidade a sua voz, qual trombeta portentosa, quando expressava entre os doutos a Sabedoria oculta no mistério de Deus, proclamava com ênfase tais e tão profundas verdades das Escrituras, que mesmo, e nem sempre, o exegeta poderia compreender a eloquência da sua pregação."

Para o padre italiano Giustiniano Scrinzi, que biografou o santo no fim do século XIX, a nova identidade assumida era "um sinal do seu ardor em abandonar o século, tanto mais que ele pertencia à ilustre prosápia, e imitar a austeridade do antigo eremita".

Se Parenti fez questão de mostrar que Antônio – a partir daqui, iremos chamá-lo sempre assim – era um "franciscano entre os agostinianos", afinal, é certo que ele seria também um "agostiniano entre os franciscanos". O recém-ingresso religioso trouxe uma contribuição inestimável para os frades menores, cuja instituição ainda estava no início: o gosto rigoroso pelos estudos, o culto às letras e ao conhecimento.

Antônio assumiu uma rotina completamente diferente. Os franciscanos viviam em pequenas cabanas em um morro e passavam o dia ajudando camponeses pobres a plantar e a colher. Não pediam nada em troca e jamais aceitavam dinheiro – alimentavam-se do que ganhavam, se lhes fosse ofertado algo para comer e beber. Não era raro que, depois de uma longa jornada de trabalho, acabassem tendo de ir dormir de estômago vazio.

Outra tarefa que exigia bastante era o cuidado com os doentes. Bastava que soubessem de um leproso na região, por exemplo, e já iam lá, geralmente em duplas, limpar suas feridas e rezar por ele. Preparavam unguentos e também limpavam suas casas e cozinhavam para eles.

Ao contrário dos agostinianos, não havia espaço para orações longas e elaboradas, muito menos cantos complexos. Na sua nova comunidade, as rezas eram coloquiais e espontâneas; a música, sem requintes, servia para celebrar a natureza e louvar a Deus. Outra diferença estava nos estudos: os frades menores sequer tinham livros. Antônio precisava aprender a se tornar um homem mais simples.

Conforme o relato de Fernando Félix Lopes, "a vida corria-lhes muito fervorosa e singela". "Ali, no devoto retiro, viviam os frades, contentes e alegres, aquela vida de oração e trabalho que São Francisco ensinara. Com teres e haveres não se apoquentavam. Tudo haviam deixado pela santa liberdade que não sente as amarras nem do eido, nem dos campos, nem da casa ou da família", afirma o biógrafo. "Descansavam seus cuidados no Pai celeste que veste de galas os lírios dos campos e sustenta as avezinhas do céu. Desconfortos da pobreza não sentiam. Não os sente quem não sonha cômodos e todo se contenta, ou se contém, no que dá a Providência."

Disciplinado como sempre, passou sem dificuldades o estágio probatório e, três ou quatro meses depois, já parecia completamente enraizado nos rigores da nova ordem. Foi quando Giovanni Parenti liberou-o para seguir adiante na missão que ele tanto ansiava. Chamou-o e informou-lhe que havia sido ele um dos escolhidos para seguir ao Marrocos.

Na companhia de outro jovem frade, provavelmente chamado Filipe ou Filipino, Antônio foi até Lisboa. Despediu-se de seus pais. No porto, encontrou um navio mercante cujo capitão, compadecido da causa dos dois – a pregação do Evangelho em terras muçulmanas –, topou lhes dar carona até a cidade de Ceuta. Era ele próprio um homem de fé, devoto principalmente de seu onomástico, São João – conforme alguns relatos apontam. Acreditava que ter uma dupla de frades a bordo seria útil para que os Céus ajudassem no sucesso da viagem.

Aportaram em Ceuta, como estava previsto. O plano dos dois religiosos era pregar em Marraquexe. Mas, antes, passariam alguns dias em casas de cristãos no norte do país. Com eles, aprenderiam mais sobre os costumes e mesmo como deveriam fazer para viajar até o destino final – uma rota bastante difícil, à época.

O idioma árabe não configurava problema para Antônio. O fato de ter nascido e morado até a adolescência em uma cidade que havia sido ocupada pelos mouros fez dele um conhecedor da língua – que até então seguia sendo falada nas ruas por muitos que acabaram se instalando em Portugal.

As coisas, no entanto, não ocorreram de acordo com o planejado. Antônio começou a se sentir mal. Uma febre que não passava, vômitos, mal-estar. Não havia nada que o recuperasse.

Antônio insistiu. Mesmo doente viajou até Marraquexe, imaginando que a melhora chegaria, que seria apenas alguma intoxicação alimentar, algo que não havia lhe caído bem durante a viagem ou nos primeiros dias em solo africano. Que nada. A situação só piorou. Era uma febre sezão, intermitente, que parecia não se extinguir. Tudo indicava que ele tivesse contraído malária. Futuramente, alguns cronistas conjecturaram que Antônio talvez tivesse hidropisia – um acúmulo anormal de líquidos nas cavidades naturais do corpo. Foram três ou quatro meses de temperaturas altas, compressas e cuidados. Padre Scrinzi diz que o seu estado, tão grave, deixou-o "impotente para qualquer trabalho". Naquele estado era impossível pregar o Evangelho.

Enxergando no fato um desígnio divino, o religioso decidiu que o melhor a fazer era retornar para Portugal. Talvez Deus quisesse seu trabalho lá – melhor concordar e buscar um navio que desse carona de volta. "Mas, conhecendo o Altíssimo a natureza do homem, resistiu-lhe frontalmente com a grave doença que o açoitou duramente durante todo o inverno", diz a *Legenda assídua*. "E assim aconteceu que, não vendo nada do seu propósito concretizado de modo favorável, voltaria obrigado à sua terra natal para recuperar ao menos a saúde do corpo."

Esperou um momento em que se sentia menos ruim da doença e encarou a longa jornada por terra até Ceuta. Os mais de seiscentos quilômetros, sob forte sol, eram vencidos parte a pé, parte em caronas obtidas de carroceiros – Francisco de Assis recomendava que o peregrino sempre caminhasse, mas que utilizasse outros meios em caso de extrema necessidade. Foi uma viagem extenuante. Convalescente, Antônio precisava ser carregado por companheiros em diversos momentos da jornada. Filipe seguiu sendo o companheiro prestativo.

Não foi difícil conseguir, no mesmo porto, uma embarcação com lugar para ele. Era um pequeno barco mercante. Como Antônio parecia melhor e já estava encaminhado, Filipe achou por bem ficar e cumprir a missão de pregar o catolicismo em terras dominadas pelos muçulmanos. Não há registros sobre o que teria lhe acontecido – se foi bem-sucedido na empreitada, se acabou retornando à Europa, se foi morto, ninguém sabe.

Para Antônio, voltar sozinho possibilitaria meditar mais, ficar mais em silêncio, ouvir Deus. Naquele momento, era tudo o que ele mais desejava. Em seu íntimo, rezava. Pedia para uma mensagem divina lhe apontar o caminho. Entendia que tinha sido obra da

Vontade Suprema o fato de ele não ter conseguido empreender sua Cruzada – então que a Providência tratasse de mostrar o que queria dele.

Ele estava imerso em suas orações quando percebeu que algo não andava muito bem. Se a viagem de ida havia sido por mares tranquilos, agora a maré estava brava. Sob forte tempestade, o barco desgovernou. A tripulação já antevia o pior: estariam condenados a um naufrágio no Mediterrâneo? "Incessantemente sopravam os furacões do oeste, ameaçando submergir a nau", afirma Frei Basílio.

Foram dias enfrentando a ferocidade dos ventos e dos mares. O capitão decidiu que melhor do que enfrentar as forças contrárias era ceder, assumir uma direção inversa de navegação e, se houvesse sucesso, aportar ao primeiro sinal de terra firme. Ideia oportuna, vale dizer: o barco já apresentava avarias e qualquer insistência poderia mesmo resultar no pior, em naufrágio.

Os mares tortuosos fizeram com que o navio aportasse não em Lisboa, mas na Sicília, a maior ilha do Mediterrâneo. Antônio hospedou-se por ali, não se sabe se em Taormina, cidade perto do vulcão Etna, ou em Messina. Não se sabe exatamente onde ele encontrou abrigo, mas tudo indica que, se apresentando como frade, tenha obtido ajuda de camponeses ou pescadores. Uma das versões, inclusive, aponta para a existência de uma pequena comunidade franciscana em Messina – e, portanto, pode ser que Antônio tenha se instalado ali.

Se isso realmente ocorreu, é de se esperar que o religioso português tenha sido muito bem acolhido pelos irmãos italianos. Afinal, o próprio São Francisco determinava que "cada um dos frades ame e cuide de seu irmão com o mesmo amor e ternura com que a mãe estremece aos seus filhinhos, e se algum dos irmãos cair enfermo, seja onde for, os demais irmãos os sirvam como queiram eles mesmos ser servidos".

Apesar de longe dos centros italianos mais importantes da época, como Roma e as então cidades-estado de Milão, Gênova, Veneza e Florença, a ilha siciliana sempre teve papel econômico importante, sobretudo pela sua localização estratégica no Mediterrâneo.

O religioso procurou restabelecer-se. "Santo Antônio estava exausto. Extenuado pelas febres, castigado pela tempestade no mar, que levou muitos dias, o seu corpo necessitava de repouso", prossegue Frei Basílio. De acordo com o biógrafo anônimo que escreveu a *Legenda assídua*, o frade retirou "forças da própria fraqueza".

"Encontramos, em Antônio, tudo quanto dissemos. Ele vai, com irresistível desejo, ao martírio, age de acordo com o desejo que o preocupa e encontra-se ao revés da natureza, que o afasta, atirando-o para onde jamais tinha pensado ir e abre-lhe uma nova direção na vida", comenta o Padre Scrinzi. "As causas imediatas agiram sobre ele, mas o que foi servido foi o plano de Deus, que desejava-o como um apóstolo na Itália."

Não era hora de lamentar. O frade ressentia-se por não ter conseguido pregar no Marrocos e, assim, realizar sua Cruzada. Contudo, agradecia aos Céus – pela vida, pela natureza, pelos rumos novos que se lhe eram apresentados. Já que estava ali, entendia que Deus o havia mandado ali. Já que estava na Itália, sentia-se convocado para participar do capítulo geral dos franciscanos, marcado para começar dia 29 de maio, véspera de Pentecostes, em Assis.

CAPÍTULO 5

FRANCISCO

Antônio conhece o santo fundador da ordem que ele abraçou. Pela Itália, realiza pregações em diversas cidades, encantando o público com seu jeito eloquente e, ao mesmo tempo, simples de falar.

O caminho da Sicília até Assis não era fácil. Primeiro, Antônio e os demais religiosos da caravana precisaram conseguir carona com barqueiros para saltar da ilha para a costa italiana. Depois ainda havia uma longa caminhada pelas planícies, de povoado em povoado, até chegar à terra de São Francisco, na Úmbria – foram quase novecentos quilômetros pela bota italiana.

Para Antônio, a viagem também serviu para que fosse aprendendo os dialetos italianos. Ele tinha facilidade para os idiomas e cada parada lhe era oportunidade para afinar a língua de acordo com o povo.

Seguiam apressados, porque o capítulo geral tinha data marcada. Mas não ignoravam os apelos das comunidades. "Sabiam de todos os leprosos e iam até eles a cuidá-los e a consolá-los com palavras de resignação cristã. Mesmo levados na ânsia de rever o pai e fundador Frade Francisco, não sabiam correr os bons dos frades: constasse de alguém precisado de um socorro ou de um carinho, e ficavam, esquecidos, a atender", aponta Fernando Félix Lopes.

Antônio estava feliz porque finalmente iria ver o fundador pessoalmente. Cada vez que ouvia alguma história dele, mais o admirava como modelo de pobreza, fé e amor ao próximo. Foi no trajeto que soube de seus companheiros que, certa vez, Francisco debateu com o bispo de Assis sobre a decisão de viver sem quaisquer bens materiais. "Se os tivéssemos, precisaríamos de armas para defendê-los", teria dito o santo. Também se contava que era muito difícil manter o fundador vestido, pois ele tirava as roupas, sem pestanejar, e as dava sempre que se deparava com algum miserável em piores condições.

Aquele capítulo, aliás, seria dos mais importantes. Um ano antes, Francisco havia renunciado ao posto de vigário-geral da ordem, em franco crescimento – como fundador, seguia como ministro-geral. Seu sucessor, Pietro Cataneo, entretanto, tinha morrido em março. O vácuo no poder fora interinamente assumido por Frei Elias da Cortona (1180-1253), um líder um tanto polêmico para os franciscanos, porque não era tão rigoroso com relação à ausência de posses.

A reunião geral iria decidir não só quem seria o vigário-geral como também de que maneira ficariam as demandas de construir ou não casas menos rústicas para os religiosos e se a ordem deveria ou não aceitar os bens a ela doados. Conta-se que Francisco tinha ficado chocado quando viu que irmãos estavam morando em uma bela residência em Bolonha e acabou mandando que os frades de lá saíssem.

Aqui cabem parênteses. A tal casa havia sido doada a eles pelo então cardeal Ugolino dei Conti di Segni (1170-1241). Ex-estudante de direito da Universidade de Bolonha, o religioso tinha fortes ligações com a cidade e grande apreço pelos franciscanos. Cedeu o imóvel não apenas para que eles ali vivessem como também para que criassem nele um centro de ensino de teologia, formação de pregadores e outros estudos religiosos.

Outra questão pendente era a necessidade de oficializar um regulamento escrito para a ordem. Desde que o Papa Inocêncio III (1161-1216) havia aprovado a existência dos franciscanos, a regra seguia sendo oral. Mas segmentos do catolicismo viam com reservas essa informalidade. Francisco já havia concordado neste ponto: colocaria tudo no papel.

Por fim, o capítulo se dedicaria a instruir os irmãos sobre as condutas que deveriam ser adotadas em suas andanças. O caráter itinerante de sua vocação, combinado com as vestes puídas e o hábito de pedir esmolas, não raras vezes suscitava reações agressivas. Era comum que frades fossem zombados, agredidos e pilhados. Os franciscanos eram firmes: jamais opor resistência; ao contrário, oferecer o pouco que tivessem consigo. Em geral, surpresos com tal reação, os larápios costumavam pedir desculpas e, arrependidos, devolver a eles o que tinham antes tomado.

Na véspera de Pentecostes, Assis reunia cerca de três mil franciscanos. Eles acamparam – usando esteiras para dormir – ao redor da pequena igreja conhecida como Porziuncola, fundada no século IV e considerada lugar sagrado da ordem franciscana. Acompanhavam ainda o encontro outras duas mil pessoas, entre autoridades religiosas – cardeais e bispos –, civis e curiosos em ver Francisco.

A população oferecia comida, bebida e pouso para os tantos peregrinos. Segundo relatos de Frei Giordano da Giano (1195-1262), um dos participantes do encontro, tamanha era a voluntária colaboração dos habitantes que, "passado o sétimo dia do capítulo, os frades se viram obrigados a fechar as portas do encontro e não aceitar mais nada". "Mesmo assim, as vitualhas[6] já aceitas ainda lhes deram sustança e aconchego por mais dois dias", completa o religioso.

Nesse contexto que lhe era completamente novo, Antônio era só mais um. Frei Basílio lembra que o português "chegou à grande assembleia como um desconhecido e o seu aspecto, mal restaurado o corpo das fadigas extenuantes que sofreu, fez com que lhe ligassem pouca importância". "Também nisso via o santo a vontade de Deus, cujos desígnios imperscrutáveis já havia experimentado", acrescenta o biógrafo.

Ainda bastante fraco e magro, tamanhas as dificuldades anteriores, o religioso assistiu a todo o capítulo com admiração. Compartilhava com aqueles irmãos os mesmos valores e o apreço à simplicidade e à humildade.

---

6. Os víveres, os alimentos.

Mesmo sendo o fundador da ordem, Francisco dava mostras constantes de que se sentia – e queria ser tratado – como um igual. Durante o capítulo, fazia a simples função de auxiliar dos bispos. Leu o Evangelho na primeira missa e apenas na última das celebrações ousou fazer a homilia. Então, lembrou o Salmo 143 e enfatizou a importância dos valores da caridade, da castidade, da paz, da pobreza e da obediência.

Quando Frei Elias leu um relato sobre o destino dos cinco mártires do Marrocos e começou a elogiar suas virtudes, Francisco o advertiu que era melhor se conter para que aquela homenagem não se configurasse fonte de orgulho, vaidade nem arrogância.

No dia 8 de junho, com a conclusão do capítulo, Antônio se viu sem rumo mais uma vez. Como não conhecia ninguém, terminou sem convite para integrar alguma das províncias. "Tão grande foi sua reserva que na distribuição dos capitulares sobre os conventos e províncias nenhum superior o pediu para sua comunidade", relata Frei Basílio. Decidiu ter com Frei Graziano, então provincial da Romanha, na Itália setentrional, pedindo a ele lugar em algum convento de sua região. "Por acaso, já é ordenado sacerdote?", o superior lhe perguntou, ciente e preocupado com a falta de padres em sua ordem. "Sim, sou."

Graziano pediu permissão ao Frei Elias, confirmado no capítulo como vigário-geral, e levou Antônio com ele. Determinou que o religioso português fosse para o mosteiro de Montepaolo, a sete quilômetros de Dovadola, onde viviam quatro ou cinco irmãos, nenhum deles padre. Ali, Antônio poderia celebrar missa, ministrar a Eucaristia e ouvir confissões.

Na região dos montes Apeninos, os franciscanos viviam de esmolas e hortaliças do campo. Todos cuidavam do casebre e saíam diariamente para mendigar e cuidar dos doentes. Conforme a regra franciscana, dois deles tinham o papel de "mães", ou seja, zelavam também pelos demais.

Quando entrou para a comunidade, Antônio pediu para ser incumbido das tarefas de faxineiro e lavador de pratos. "Da sua boca não se ouvia alusão alguma aos conhecimentos literários, que lhe haviam sido ministrados, nenhuma jactância da sua condição eclesiástica; antes, dizia alto querer saber e desejar ardentemente abraçar toda a ciência e inteligência que a torna cativa para a levar unicamente à obediência de Cristo, e este crucificado", afirma a *Legenda assídua*.

Quis ele passar os primeiros tempos dedicando-se a orações contemplativas em uma caverna, para a qual levava apenas pão e água. O retiro serviria para dar maturidade à sua vocação. Antônio teria sido tentado diversas vezes pelo demônio, que o impelia a desistir da missão religiosa. Manteve a firmeza, chamando tais ímpetos de "vampiro que bebe o sangue das almas" e "aranha que suga as almas que caem em sua teia como as moscas".

Ao fim de uma dessas jornadas, quando voltava para o eremitério, acabou não aguentando e desabando sem sentidos. Foi encontrado e socorrido por um dos irmãos franciscanos. A partir de então, por segurança, todos os dias um deles era designado a ir buscar Antônio na gruta.

Essa rotina de rigorosa penitência durou cerca de um ano, período em que Antônio pouco abriu a boca. Havia se tornado um homem que cultivava o silêncio – assim refletia, meditava e conversava com Deus. Então ele foi designado a ir até Forli, cidade próxima, onde acompanharia a ordenação de novos padres, oriundos tanto da ordem franciscana quanto da dominicana. Como estes últimos eram mais afamados como pregadores, o bispo solicitou para um deles ser o orador da cerimônia. Hesitantes, todos pediram dispensa da empreitada, alegando que não haviam preparado nada e não se sentiam prontos para o improviso.

Aleatoriamente, o bispo determinou que Antônio assumisse a voz. Naquele meio, ninguém conhecia seu passado erudito. Ninguém poderia imaginar que aquele jovem religioso português, franciscano, maltrapilho e de raras palavras fosse dotado de uma excelente verve oratória.

Antônio começou falando em voz baixa, quase sussurrando. Estava desacostumado com o púlpito. "Mais a mais, apesar de ter de memória quantos livros lera e de andar habituado a discorrer sobre as coisas do espírito, conheciam-no os frades mais por um perito em lavar a louça da cozinha do que na exposição dos mistérios da Escritura", diz a *Legenda assídua*. Aos poucos, conforme ia se sentindo mais à vontade, seu sermão azeitou-se. Era um discurso de fácil compreensão. O jeito natural e claro de explicar a palavra de Deus acabou conquistando a audiência.

O espanto foi geral, inclusive dos franciscanos. Todos perceberam estar diante de um grande orador. Sábio. Eloquente. Conhecedor das coisas. E, principalmente, portador de um dom: o da palavra.

"Frei Antônio subiu ao púlpito com a aparência de um principiante na oratória sagrada. Desceu da tribuna consagrado pregador, notabilíssimo por sua impressionante eloquência, e pelos fulgores de sua ciência teológica", elogia o historiador José Carlos de Macedo Soares (1883-1968).

Assim, Forli se tornaria um divisor de águas na vida do santo. Se havia uma norma entre os franciscanos que só permitia que um membro da ordem se tornasse pregador com autorização do superior, no caso de Antônio a mudança de função vinha justamente do superior: Frei Graziano determinou que, a partir de então, o religioso português se tornasse um pregador itinerante. Ele não poderia ficar escondido em uma vida contemplativa. Precisava espalhar a palavra de Deus.

Antônio não conseguiu disfarçar certo constrangimento. Ele estava ficando famoso entre os colegas.

Tanto que foi designado para participar de um próximo compromisso público: o capítulo regional da Romanha.

Era mais uma mudança não planejada pelo jovem religioso. Antônio já tomava gosto pela vida reclusa, pelas orações em silêncio, pela estabilidade. Mais uma vez era Deus interferindo em sua vida, pensava o religioso.

O segredo do sucesso de sua oratória estava no cerne da recomendação de Francisco: "sermões breves, pois o Senhor praticou na terra a brevidade do verbo", pedia o fundador. Antônio não fazia aqueles discursos pomposos comuns nos tempos da Idade Média. Falava claro e simples, traduzia o complexo para que todos compreendessem. Pregava no dialeto de cada região, sendo bem entendido pelo povo.

Muito se discutia, naquele tempo, a questão da intelectualidade e dos livros dentro do dia a dia franciscano. Ele era a prova de que era possível mesclar humildade com conhecimento, simplicidade com doutrina, coração com razão. Ao mesmo tempo, sua vida demonstrava que os franciscanos deveriam estudar mais para conseguir se comunicar melhor.

A catequese de Antônio, como era praxe na época, baseava-se em passagens bíblicas e atribuía ao diabo tudo o que era contra a doutrina ou representava o mal. Não raras vezes, o demônio era metaforizado pela serpente. O vigor na pregação rendeu a Antônio o epíteto de "martelo da heresia".

Apesar de intenso, seu discurso não era violento. O franciscano não condenava o pecador, mas sim o pecado; não combatia os heréticos, mas sim as heresias. Agia como um bom pastor, procurando trazer cada um para o rebanho, transmitindo valores de caridade e fraternidade. Sua postura era de amor. De paz. Para Antônio, o importante era conquistar o coração – só assim seria possível conseguir a alma para Deus. Ou seja, converter, em vez de combater. "A paciência é a melhor maneira de vencer", ele costumava dizer, toda vez que usava o amor para responder as tantas grosserias com as quais se deparava.

Antônio foi destacado para fazer sermões em Rimini. A cidade estava dominada pelos cátaros, movimento cristão que foi forte na Europa dos anos 1100 e 1200 e chegou a ser visto como ameaça pela Igreja Católica. A tarefa não seria fácil. Os cátaros ali eram tão fortes que haviam conseguido expulsar o bispo Aldebrando (1164-1247) de seus domínios.

Acredita-se, contudo, que tenha sido nesse terreno árido que Antônio realizou o primeiro milagre em solo italiano. Isso porque o homem tentava pregar nas praças sem sucesso, sem audiência. Não sofria retaliações físicas, mas era zombado e ignorado pela população.

Certo dia, cansado da coleção de fracassos, decidiu ir até o rio Marecchia e pregar aos peixes: "Peixes do mar e do rio, serão vocês a ouvir a palavra de Deus, já que os homens, infiéis, a desprezam". Nem bem

Antônio havia começado, os peixes teriam colocado as cabeças para fora d'água e acotovelado suas nadadeiras para ouvi-lo. "Peixes, nossos irmãos, vocês devem dar graças ao Senhor conforme a sua possibilidade, pois Ele lhes deu como morada um elemento muito nobre: a água. Além disso, deu a vocês, nela, abrigo contra tempestades. Ele fez a água clara e transparente para que possam ver os caminhos por onde devem andar e a comida que os alimenta. O Senhor, generoso e bom, ao criá-los, abençoou-os e deu-lhes o preceito de se multiplicarem. Quando veio o dilúvio e os outros animais que não entraram na arca morreram, Deus fez que fossem vocês os únicos a escapar vivos. Por todas essas graças, vocês devem bendizer ao Senhor. Bendito seja Deus para sempre, pois é mais venerado e honrado pelos peixes do rio e do mar que pelos homens infiéis. Os seres irracionais ouvem melhor a palavra de Deus do que os homens, racionais."

Vendo com estranhamento aquele homem pregando virado para o rio, o povo começou a se aproximar. Ao notarem o que ocorria, ficaram admirados, perplexos, encantados. Antônio, então, liberou os peixes, abençoando-os. E voltou-se para a população, que estava atenta, esperando sua palavra.

O episódio espalhou-se pela cidade, e as pregações do franciscano, em praça pública, passaram a ter audiência cada vez maior. Ao mesmo tempo, como era de se esperar, começaram a surgir desafetos.

Um homem conhecido como o principal líder dos cátaros resolveu propor um ardiloso desafio, que seria chamado de teste da mula. Consistia em deixar um animal sem comida por três dias e, no quarto, sob os olhos de toda a comunidade, oferecer ao bicho aveia fresca, de um lado, e a hóstia consagrada, de outro. "Se a mula for primeiro adorar a Eucaristia, eu me converterei, juntamente com meus seguidores", prometeu o homem. "Aceito, com uma condição: se o animal preferir a aveia, não significa que a Eucaristia não seja Cristo, mas sim que eu não sou pregador digno o suficiente e, como tal, não mereço a graça do milagre divino."

Acordados, Antônio também passou os três dias em jejum. Quando chegou a hora de concluírem o desafio, o animal não só foi primeiro em direção ao ostensório como também teria se ajoelhado.

Além da fama de bom pregador, Antônio começou a adquirir outra: a de santo milagreiro. Aos poucos, se tornava Il Santo. Reconhecimento este que ele nunca aceitou de bom grado. Frisava enfaticamente que era Deus quem realizava as proezas, nunca ele.

"Em verdade, sua fé me convenceu. E comigo se convertem todos os meus seguidores aos ensinamentos da Igreja", disse o dono da mula. O líder cátaro confessou-se e recebeu a comunhão das mãos de Antônio. Atrás dele vieram muitos. Praticamente toda a Rimini havia se tornado católica e a missão do franciscano estava perto de ser concluída.

Algumas autoridades, contudo, viram nele uma potencial ameaça. Dias depois, quando o religioso pregava em um vilarejo nas proximidades da cidade, foi convidado para jantar na casa de um representante da elite. Pensou que seria uma boa oportunidade para disseminar sua fé e aceitou.

Com os pratos servidos, antes de encostar em qualquer coisa, notou que estava prestes a cair em uma armadilha.

"Senhores, de bom grado aceitei o convite, pois vejo aqui uma boa oportunidade para compartilharmos ideias e momento para que eu possa expor-lhes as verdades da fé. Mas lastimo sua conduta ao me oferecerem esta comida envenenada", disse Antônio. "Meu bom frade, nós bem sabíamos que o protegido de Deus logo perceberia a presença de veneno em seu prato", respondeu o anfitrião, tentando manter a naturalidade. "Na verdade, o que desejávamos era comprovar a afirmação do Evangelho, sempre tão puro e verdadeiro, que diz: 'E se tomarem alimento fatal, este não lhes fará dano algum'. Por isso, bem sabemos que o nosso excelente pregador de sermões pode comer à vontade deste prato e de tantos outros iguais que lhe servirem, que certamente será como se tivesse comido alimento puro e igual ao de todos nós, homens comuns. Se o nosso bom frade come a refeição que lhe servimos, de bom grado abandonamos nossa crença, à qual o nosso convidado chama de heresia, e voltamos ao seio da Santa

Igreja. No entanto, se o veneno lhe surtir algum efeito, poderemos ver nisso um sinal da fé fraca e, em consequência, não poderá continuar sua pregação, mesmo porque ela terá se revelado falsa."

Antônio não pestanejou. Fez o sinal da cruz sobre o prato, louvou a Deus e prosseguiu: "Se lhes falei do veneno em meu prato foi para que vejam como Deus auxilia a quem Nele crê. Não foi por ter sentido medo nem por não acreditar na palavra de Jesus. Aliás, foi dito: 'Não tentarás o Senhor teu Deus'. Não o colocarei à prova, mas vou comer este prato para que os senhores também acreditem no Evangelho".

E comeu.

Nesse período, Antônio foi enviado para pregar em muitos outros locais da região. Esteve em Ímola, Bolonha e chegou a ir mais ao norte da Itália – há registros de que tenha chegado até Vercelli, em Piemonte – onde conheceria o filósofo e teólogo francês Thomas Gallus (1190-1246), fundador e abade do Convento de Sant'Andrea.

Há duas versões para um mesmo milagre, também dessa época, que explicariam a origem dos famosos "pãezinhos de Santo Antônio", até hoje abençoados no dia do santo, em muitas comunidades católicas. Em uma de suas paradas, conta-se que havia o costume de assarem pães em uma casa religiosa para consumo próprio – e o excedente era destinado aos pobres. Antônio tinha o hábito de encher um cesto para levar à praça, distribuindo às pessoas antes de suas pregações. Ele sabia que só a palavra não bastaria, era preciso encher o estômago dos famintos.

Certo dia, por descuido, levou para os mais pobres toda a fornada, deixando seus irmãos de convento sem alimento. Quando retornou, entretanto, notou que o mesmo cesto que ele havia esvaziado na rua tornava a estar cheio.

Uma variação dessa história afirma que estavam os religiosos todos dentro do mosteiro quando alguém bateu à porta pedindo algo para comer. O irmão que atendeu disse que não havia nada além daquilo que iriam consumir. Antônio disse que poderia dar tudo o que houvesse no cesto, que não era para se preocupar porque Deus ajudaria. O frade cumpriu a ordem e, quando retornou, o cesto estava novamente completo.

Mas um grande momento estava se aproximando, não apenas da história de Antônio, mas da história de toda a Igreja. No capítulo geral de 1223, como sempre em Pentecostes, Antônio e Francisco iriam conversar pela primeira vez. O fundador dos frades menores já sabia dos prodígios do religioso português e não deixava de demonstrar afeto pelo que ouvia.

Aquele capítulo seria fundamental para, finalmente, aprovar a regra escrita da ordem. No debate também foi levada a questão dos estudos, com argumentos de todos os tipos. Por exemplo, os livros deveriam ser considerados bens materiais e, portanto, ser evitados? Seriam os livros geradores de orgulho e arrogância?

As discussões eram profundas, mas Antônio era a prova viva de ser possível assumir essa vertente erudita sem perder o carisma da humildade. Afinal, com exceção para esse ponto, o religioso português se identificava plenamente com tudo em relação aos franciscanos, inclusive vivendo a pobreza de forma absoluta.

Do encontro pessoal, Francisco levou as melhores impressões. Chegaria a comentar com outros franciscanos sobre a sabedoria de Antônio para mesclar bem complexidade com simplicidade, explicar a escritura com cuidado e levar uma vida exemplar.

Não por coincidência, esse capítulo não só concluiu a escrita da regra – aprovada meses depois pelo Papa Honório III (1150-1227) – como trouxe novamente a escola franciscana de Bolonha, suspensa pelo próprio fundador no episódio em que ele havia condenado os irmãos de lá por viverem em uma residência superior.

Assim, Antônio tornou-se docente, no Convento de Santa Maria Della Pugliola. Justamente na Bolonha tão importante para o ensino e a pesquisa – cuja universidade, a mais antiga da Europa, foi fundada em 1088. Como era considerado o mais bem preparado dos professores, a ele cabia formar pregadores competentes, dentre os alunos já iniciados, muitos deles inclusive ordenados sacerdotes. "E foi assim desta forma", aponta Félix Lopes, "que Santo Antônio ficou sendo o primeiro doutor ou mestre na ordem franciscana."

Foi nessa época que Antônio começou a escrever seus sermões – comentários de trechos da Bíblia. Esses textos são o legado que restou para comprovar a retórica e a catequese do franciscano. Trata-se de um discurso de salvação, cuja essência diz que a prática do amor a Deus e ao próximo é o caminho para a vida eterna – mas, ao mesmo tempo, o religioso não economiza críticas a pecados como arrogância, luxúria, soberba, ambição e apego ao dinheiro.

"A sua linguagem, engastada em beleza e com sal condimentada, comunicava muita graça aos ouvintes. Admiravam-se os mais velhos que um mancebo, mal saído da puberdade e iletrado, ensinasse, com muita sutileza, as realidades do espírito em termos espirituais; olhavam-no com espanto os mais novos, quando punha de raiz ao sol as causas mínimas e as ocasiões do pecado e, com muita discrição, semeava os bons hábitos das virtudes. Enfim, homens de toda a condição, classe e idade, ficavam radiantes com assumirem os ensinamentos da vida que lhes convinham", narra a *Legenda assídua*.

Da amizade com Francisco, ficou o respeito deste pelo erudito português. A ponto de, a partir de então, só chamá-lo de "meu bispo", como bem atesta esta carta, enviada pelo fundador da ordem pouco tempo depois do capítulo:

A Frei Antônio, meu bispo,

Eu, Frei Francisco, envio minhas melhores saudações. É para mim fonte de satisfação que leia para os irmãos a teologia sagrada, desde que, com o estudo, não leve a extinguir o espírito da santa oração e da devoção como se encontram prescritas na regra da ordem.

Adeus.

CAPÍTULO 6

O PREGADOR

Enviado à França para converter hereges, Antônio firma-se como um grande pregador e chega a reunir 30 mil pessoas em praça pública. Também se dedica ao estudo e à formação de novos religiosos.

Se na tenra juventude, quando ainda era chamado de Fernando, Antônio sonhava lutar nas Cruzadas, esta oportunidade, de uma forma um tanto diferente, batia à sua porta. Não como uma missão à Terra Santa, mas ao sul da França.

Nos séculos XII e XIII, a região estava dominada por seitas cristãs tidas como heréticas, como os cátaros que Antônio tão bem havia conhecido – e convertido – em Rimini. Esses movimentos expandiam-se principalmente nas terras no entorno do rio Ródano, mais especificamente na Provença, de um lado, e em Languedoque, do outro. A ocupação dos hereges era intensa em cidades como Albi e Toulouse.

Havia um clima de guerra, com animosidades e verdadeiras batalhas entre católicos e não católicos. Para os cátaros, a organização católica estava corrompida, dando mais valor ao mundo material e às riquezas mundanas do que às questões espirituais. Por outro lado, a Igreja também aumentava o tom bélico, tratando os concorrentes como inimigos a serem combatidos.

Em carta endereçada ao rei francês Luís VIII (1187-1226) em 1223, o Papa Honório III reclamou da abundância de não católicos na região. "Nesse reino, os hereges escarnecem da fé católica às claras e com insolência! Até de Nosso Senhor e Salvador escarnecem e zombam", escreveu o sumo pontífice, conforme atestam registros do Vaticano.

Esse contexto era pano de fundo de uma disputa política. Alguns nobres influentes, espertamente, estavam se aliando aos cátaros. Não por qualquer vocação para uma vida avessa às posses, mas porque, se estivessem livres da influência da Igreja Católica, decerto teriam mais terras à disposição. A cúpula da Igreja, por outro lado, temia perder poder – portanto, era hora de lançar-se a uma Cruzada, não até a Terra Santa, mas para recuperar para o catolicismo os pontos heréticos que vicejavam fortemente em territórios cristãos.

Antônio já havia dado provas de que era hábil na arte de converter pagãos. Quando o papa pediu ajuda aos franciscanos, seu nome foi lembrado de imediato. Há quem acredite que a decisão de enviá-lo também fosse uma tentativa de minar sua crescente influência no âmago da ordem, criando para ele um caminho diverso que não o permitiria ascender hierarquicamente no mundo franciscano.

Mas seus biógrafos parecem não acreditar nisso. "Querem alguns descobrir, no fato, desígnios sombrios e sinistro de Frei Elia, vigário de São Francisco:

arrumava com ele para longe, a fim de se livrar de um rival importuno", comenta Fernando Félix Lopes, para depois emendar que "o silêncio dos documentos e mais ainda o ambiente histórico tornam impossíveis as suspeitas". "Por mais que se rebusque, não há modo de descobrir um vestígio sequer de que, por então Frei Elia se temesse de Santo Antônio", crava.

Conspirações tramadas ou não, certo é que Antônio foi em paz, como era de seu feitio. Não queria violência. Faria como em Rimini: lutaria pela conversão pelos argumentos e pela fé, com debate de ideias e muita conversa. Buscava ele, como sempre, a religiosidade – nunca o sangue derramado. Para Antônio, não havia inimigos do outro lado: mas seres humanos, irmãos amados por Deus.

Sua primeira parada foi em Montpellier. A cidade, então com cerca de 40 mil habitantes, era a segunda ou terceira mais importante da França. Assim como Bolonha, o local atraía estudantes – em 1220 havia sido inaugurado ali um centro de formação de medicina e letras jurídicas.

Com sua natural facilidade para o aprendizado de idiomas, Antônio rapidamente estava falando o dialeto da região. Ele fundou uma escola para pregadores e passou a ensinar teologia a jovens religiosos. Ficou ali cerca de um ano. Nesse período, dedicou-se basicamente à docência, ao estudo e às orações. Pouco pregou – apenas quando era sua vez de encarar o púlpito nos sermões das missas.

A fama de milagreiro, contudo, parecia tê-lo acompanhado. Há uma passagem anedótica quanto a isso. Conta-se que o coaxar de sapos costumava atrapalhar suas aulas, no lago vizinho à sala utilizada para isso. Certa vez, Antônio mandou os bichos se calarem. Desde então os sapos nunca mais tiveram voz nas águas do convento franciscano de Montpellier. Dizem que não tornaram a coaxar porque o frade e professor esqueceu-se de dar-lhes a permissão para, terminada a aula, voltarem a fazer barulho.

Também se tornou icônica a história do seu saltério, o livro de orações com os salmos que era de estimação do religioso. Antônio deu a obra por perdida de sua biblioteca e isso muito o chateou. Ele rezou pedindo para que tornasse a encontrar o livro.

No dia seguinte, um noviço veio procurá-lo, afobado e nervoso, com o saltério na mão. Começou pedindo desculpas. Disse que estava decidido a abandonar a vida religiosa porque não se via apto ao rigor franciscano. E, por pura maldade, havia afanado o livro de predileção do padre. Durante a fuga, entretanto, um animal estranho, em chamas, o impedira de cruzar a ponte. E o teria ameaçado: ele seria arremessado no rio, caso não devolvesse o saltério a Antônio.

O religioso perdoou o jovem e o readmitiu ao noviciado. Feliz pelo livro recuperado. Dizem que é por causa disso que também se tem o costume de rezar para Santo Antônio pedindo ajuda para recuperar coisas perdidas.

E aquele que acabaria se tornando o milagre mais sensacional de Antônio também ocorreu durante sua estadia em Montpellier. A bilocação que, segundo algumas versões, deu origem à expressão "tirar o pai da forca".

Antônio estava realizando um sermão em Montpellier quando teria aparecido em sua terra natal para salvar o pai. Martim era responsável pela guarda de alguns itens do tesouro real. Certa feita, o rei mandou buscar o material em sua casa. O fidalgo entregou tudo de boa-fé aos guardas – não pediu recibo.

Dias depois, novamente funcionários vieram apanhar os bens. Ele ficou nervoso. Já os havia entregue, mas não tinha comprovante para apresentar. Convocado a prestar esclarecimentos ao rei, percebeu-se em maus lençóis. Ao entrar no castelo, notou que os mesmos homens que tinham ido buscar os tesouros na primeira vez compunham a guarda real. Notou o golpe.

Gaguejou à frente do rei, no entanto não conseguiu convencê-lo. Foi condenado à forca. Então Antônio em pessoa apareceu, para a surpresa de todos. Disse ao rei que mandasse vasculhar na casa dos seus funcionários e acharia os pertences. Salvou o pai da morte imerecida e, missão cumprida, saiu novamente pela mesma porta. Foi seguido pelo pai e por algumas outras pessoas – mas não pôde ser encontrado pelas ruas.

As pessoas que estavam na missa em Montpellier notaram apenas que, por longos minutos, o padre interrompeu o sermão, abaixou a cabeça e ficou em silêncio.

Parecia imerso em uma profunda oração, quase desmaiado em pé. Em seguida, retomou a homilia como se nada tivesse ocorrido.

Em 1225, Antônio mudou-se para Toulouse, centro político dessa França dominada por cátaros. Nos poucos meses em que viveu ali, participou de muitos debates com os hereges, converteu gente e também se dedicou à formação de pregadores.

Alguns meses depois, em 29 de setembro do mesmo ano, o sacerdote seria transferido de novo, desta vez para Le Puy-en-Velay, onde assumiu como guardião do convento franciscano.

Ficaria ali tempo suficiente para que alguns milagres entrassem para o imaginário popular. Um deles envolveu um notário conhecido na cidade pelo seu comportamento desregrado. Toda vez que Antônio cruzava com ele pelas ruas, cumprimentava-o com profunda reverência. Incomodado com essa postura e imaginando que o sacerdote estava debochando dele, certa vez o homem perguntou o motivo de tal gesto: "Não se trata de desrespeito, muito pelo contrário", explicou o franciscano. "Ocorre que, sabendo que um dia você vai se tornar um mártir na Terra Santa, é pela sua dignidade futura que eu lhe presto homenagem. De minha parte, só espero que se lembre deste humilde religioso quando estiver à beira da morte."

O notário riu. Para ele, isso jamais poderia ocorrer, visto que não tinha qualquer apreço à fé católica.

Desnecessário dizer, contudo, que houve uma conversão futura e o homem seguiria para as Cruzadas, de onde não regressaria com vida.

Também em Puy, Antônio profetizou outro martírio. Foi quando uma mulher grávida veio lhe pedir para abençoar o bebê em seu ventre. O franciscano rezou por ele, disse que o menino seria frade e acabaria morto pela fé.

Isso realmente aconteceria, anos depois.

Em novembro de 1225, a Igreja convocou um sínodo para a cidade francesa de Burges, da qual participaram uma comitiva de Roma, seis arcebispos, pelo menos uma centena de bispos e superiores de várias ordens religiosas. Antônio representou os franciscanos.

No cerne da discussão estava justamente o papel de ordens mendicantes, como a dele, bem como o combate aos cátaros. A palavra foi reservada a Antônio no dia 30 de novembro. E ele a usou não para condenar os hereges, e sim para criticar os desvios de comportamento do próprio clero católico.

Pediu expressamente que a hierarquia da Igreja reconhecesse seus erros e se esforçasse para melhorar na prática evangélica. Ressaltou que era preciso uma reforma na própria instituição a partir de seus membros. E não hesitou em nomear e qualificar o arcebispo que presidia o encontro, Simon de Sully (?-1232), como um mau exemplo.

Todos ficaram boquiabertos com a ousadia do franciscano. Simon chorou, desculpou-se publicamente, fez uma autocrítica e ainda se confessou com Antônio.

Os feitos de Antônio foram tornando-o mais e mais conhecido também na França. "A fama e a atração do pregador, que operava milagres, crescia, dia a dia, cada vez mais entre a multidão, que ia ouvi-lo e, não mais chegando às igrejas, ele prontificou-se a pregar nas praças públicas", conta o biógrafo Giustiniano Scrinzi.

Na Quinta-feira Santa de 1226, Antônio teria realizado mais um milagre de bilocação. Ele fazia a homilia na igreja principal de Le Puy-en-Velay quando se lembrou de que havia prometido dar uma palestra aos irmãos do convento. Ficou em silêncio por alguns minutos, como se fizesse compenetrada oração; ao mesmo tempo, apareceu aos seus colegas franciscanos, conversou com eles e cumpriu o combinado. Em seguida, voltou de seu transe e retomou a missa de onde havia parado.

Em 29 de setembro, todos os franciscanos da região estavam em Arles para o capítulo provincial. Era dia de São Miguel Arcanjo. Antônio fazia uma pregação sobre Jesus Cristo e, quando falava sobre a presença viva dele entre aqueles que creem e se reúnem em seu Santo Nome, um dos irmãos viu o próprio fundador Francisco de Assis acima do portão, em um gesto como que abençoando cada um dos membros do encontro – quatro dias depois, em 3 de outubro, Francisco morreria.

Entre outras coisas, a reunião decidiu que Antônio não retornaria para Le Puy. Ele assumiria uma nova missão: a custódia, ou seja, a direção espiritual, de todos os estabelecimentos franciscanos da região de Limoges. "Aí foi recebido muito bem, com oito companheiros e pelos moradores que se julgaram felizes por poderem ouvir as pregações de quem a fama se espalhara por toda a parte", relata Frei Basílio.

Logo em sua primeira fala, na catedral da cidade, uma verdadeira multidão o aguardava. "Vivemos aos prantos à noite, mas acordamos de manhã na alegria" era o tema da homilia. O sucesso foi tanto que ele começou a receber convites para pregar em outras igrejas da região. "E andou Santo Antônio numa roda viva por aquelas redondezas de Limoges, a semear a palavra santa de Jesus", narra Lopes.

Conta-se que esse foi o seu auge como evangelizador. Os mais antigos biógrafos relatam que Antônio chegava a reunir 30 mil pessoas em praça pública, quantidade impossível para qualquer igreja. Por isso, o franciscano começou a pregar nas ruínas da antiga arena romana de Limoges – local adequado para multidões. Muitos fiéis chegavam de madrugada, em busca dos melhores lugares.

A cada aparição pública do sacerdote, novos milagres eram registrados e somados ao imaginário popular. Como quando ele estava pregando e uma tempestade se aproximava. Antônio pediu para que o povo não dispersasse. A chuva molhou toda a cidade, exceto a praça onde as pessoas estavam ouvindo-o.

Foi nessa fase que ele descobriu uma gruta, em Brive-la-Gaillarde, para onde se retirava para meditar, rezar e jejuar. Ali também adotou uma rotina de mortificações – hábito que não era comum em outros períodos de sua vida, quando usava apenas o cilício de crina de cavalo, prática esta então muito disseminada entre os clérigos. Na solidão da pequena caverna, Antônio autoflagelava-se com correntes no corpo, apertando-as contra sua carne. Dedicava o sofrimento a Jesus. Foi a maneira que encontrou para que a fama de orador não o perturbasse com a vaidade, o orgulho e a arrogância. Antônio queria e precisava sempre se lembrar da fragilidade do corpo para, diante da pequenez humana, manter sua humildade.

"Dobrava então os rigores da penitência a firmar bem o espírito nos trilhos da salvação, pois sempre, como São Paulo, castigava o seu corpo e o reduzia à servidão, não fosse acontecer que, depois de aos outros pregar, viesse ele a cair em reprovação. Passava ali os dias a pão e água, e macerava a carne com cadeias de ferro", diz Lopes. "E foi dessa forma, na frequente penitência e oração, que Santo Antônio pôde trazer sempre a carne sujeita ao espírito, e atravessou, incólume, os perigos do mundo."

A época registrou o surgimento de diversos eremitérios franciscanos na região, muito possivelmente inspirados pelo carisma de Antônio. Quando o religioso aparecia nos conventos para exercer seu papel, o de custódio, o fazia com as mesmas roupas simples do seu dia a dia. Não era raro ser confundido, portanto, com um frade qualquer, em vez de tratado como superior hierárquico. Ele não se importava. Segundo registros antigos, Antônio governava os frades com "ternura de mãe".

Mas naqueles tempos de precária e lenta comunicação, foi no fim do ano de 1226 que Antônio recebeu uma triste carta assinada por Frei Elia. "Antes de falar, deixem-me, em suspiros, desabafar a minha dor. Como as águas que transbordam o leito do rio e rumorejam nos campos ao redor, assim as dores me soluçam na alma toda", escreveu o religioso.

"A desgraça que eu temia, caiu sobre mim e sobre todos vocês. Partiu quem era ao nosso consolo. Partiu para o Além aquele que, como se fôssemos cordeirinhos, carregava-nos todos nós em seu colo. Nosso pai e irmão, Frei Francisco, morreu ao anoitecer de 3 de outubro", prosseguia a carta. "Chorem comigo a sua morte com tantas lágrimas como as que choraram os israelitas quando seus mestres e guias Moisés e Aarão se foram."

"Nosso consolo são as maravilhas que operou o Senhor por meio de seu servo Frei Francisco, nosso pai. Se por um lado podemos nos alegrar com o fato de que Frei Francisco partiu para a mansão celeste, levando com ele a grande riqueza de sua santidade, por outro nossa alma é afligida pelo pranto e pelo sofrimento por ter ele se ausentado de nós. Generosamente ele nos oferecia as riquezas de seu tesouro, consolando-nos nesta época tão atribulada", comentou o vigário-geral. "Agora que foi levado de junto de nós, estamos órfãos, sem pai. Assim, como está escrito: 'aos seus cuidados deixo o pobre e o órfão', peçam a Deus, meus irmãos, que nos envie um outro semelhante a Ele, que, a exemplo dos Macabeus na Bíblia, conduza os seus pelo caminho da glória e da salvação."

O mandato de Frei Elia à frente dos franciscanos duraria até o capítulo seguinte, marcado para 30 de maio de 1227. Antônio estava decidido: abreviaria sua temporada francesa. No início do ano, em pleno inverno, partiria de Limoges em uma longa peregrinação – a tempo de chegar a Assis na primavera, para tomar parte do importante encontro anual da ordem.

Foi uma caravana, já que outros irmãos também fariam a mesma rota. Todos descalços, sem bagagem, sem dinheiro, sem nada – conforme orientava Francisco. No meio do caminho, ainda na França, em uma das paradas para esmolar um prato de comida foram especialmente bem atendidos por uma senhora. Emocionada com os religiosos à porta, ela fez questão de procurar suas melhores louças para servi-los com uma boa refeição e uma dose de vinho.

Entretanto, um tanto afoita, acabou derrubando e quebrando um dos copos. Nervosa, foi para o armário em busca de outro. Antônio percebeu a tristeza da mulher e rezou. Quando ela retornou à mesa, o mesmo copo estava intacto. Entretanto, no meio da confusão, ela notou que havia deixado a torneira do barril de vinho aberta – e toda a bebida já estava perdida, no chão da despensa.

O franciscano rezou mais uma vez. Quando, alimentados, todos foram embora, a dona da casa foi limpar o quartinho e, surpresa, notou: o tonel estava cheio novamente.

A caravana franciscana caminhou até o porto de Marselha. Lá conseguiram carona em um barco que os levaria à costa italiana.

CAPÍTULO 7

A CASA

De volta à Itália, Antônio perambula pregando a palavra de Deus, continua operando milagres, ganha a admiração da cúpula católica em Roma e encontra refúgio na cidade de Pádua, local que escolhe para passar o fim da vida.

Foi na condição de custódio de Limoges que Antônio participou do capítulo de 1227, aquele encontro que serviria para celebrar a memória do fundador morto há tão pouco tempo e, ao mesmo tempo, escolher o novo ministro-geral para a Ordem dos Frades Menores. Mas, em seu coração, já havia manifestado uma vontade: a de não mais retornar à França, e sim voltar a ser um pregador andarilho pelas terras italianas.

O frade chegou a Assis em 27 de maio. Reencontrou velhos conhecidos, como Elia da Cortona e Giovanni Parenti, aquele que tinha intermediado sua transferência dos agostinianos para os franciscanos uma década atrás. Ambos eram fortes candidatos à sucessão de Francisco no comando da ordem.

Nos bastidores, a escolha de Frei Elia era dada como certa. A proximidade dele com Francisco havia sido grande, sobretudo nos últimos anos de vida do fundador. Mesmo que eles divergissem em alguns pontos – sendo Elia menos radical quanto à permissão para algumas posses –, existia muita confiança na relação. Não à toa, Francisco o havia nomeado vigário-geral.

De acordo com os registros da Ordem dos Frades Menores, foi a ele que Francisco dedicou aquela que foi considerada sua última bênção, pouco antes de morrer.

"Pelas suas mãos, meu vigário, o Altíssimo multiplicou o número de meus frades, meus filhos. Dessa forma, mais uma vez abençoo a você também, pois quando abençoo a eles, é a você, meu vigário, que neles estou bendizendo. Que Deus, Nosso Senhor, rei de todas as coisas, lhe conceda todos os favores, no céu e na terra", teria dito o fundador da ordem. "Eu lhe deixo a minha bênção. E até mais que isso, porque o Todo Poderoso lhe dará tudo aquilo que eu não tenho poder nem forças para lhe ofertar. Que o Senhor se lembre de suas canseiras e de seus trabalhos e lhe dê a recompensa que concede aos justos. Que você reencontre as bênçãos que desejar, que seja atendido em tudo o que pedir."

Quando abriram as urnas, entretanto, revelou-se que Giovanni Parenti estava eleito. A escolha da maioria era calcada em um consenso: o de que Parenti melhor seguia os ideais franciscanos de pobreza. Ao mesmo tempo, era homem letrado, formado em Bolonha. Assim como Antônio, um intelectual – dos poucos que integravam a ordem.

Tão logo assumiu, Parenti prosseguiu o capítulo com a missão de reorganizar as províncias. A Antônio coube o cargo de ministro provincial da Romanha, região que abrangia boa parte do norte da Itália. Sediado em Milão, seria responsável por supervisionar as atividades franciscanas em um leque abrangente de cidades. Ele ainda passaria a acumular a função de reitor do centro de estudos mantido pelos franciscanos em Bolonha.

Satisfeito com os encargos, Antônio não se acomodou. Em vez de ficar despachando de Milão, preferiu perambular pelas cidades, circular, interagir com as pessoas e, claro, pregar a palavra de Deus da maneira como ele gostava de fazer. "Nalgumas terras, a notícia da sua visita chegou até hoje alumiada pelo brilho fulgente de algum sermão que, por qualquer motivo, o entusiasmo popular doirou de maravilhas, pois Santo Antônio continuou a pregar às multidões de hereges e de fiéis sempre que se lhe deparou ocasião", afirma Fernando Félix Lopes.

Além das já citadas Bolonha e Milão, há registros de suas passagens por Veneza, Bergamo, Ferrara, Modena, Verona, Trento, Pádua, Varese, Pugliola, Oreno, Gemona, Cuneo, Florença, Udine, Trieste, Gorizia, Vicenza, Bassano e Como. Mas é de se imaginar que ele tenha conhecido muitas outras pequenas cidades, vilas e povoados pelo trajeto. Afinal, se estava em seu caminho, não teria o religioso parado para um descanso, uma oração ou até mesmo para fazer um sermão em povoados como Paderno[7] ou Magenta? Ou no burgo que se formava no entorno do feudo de Desio,

---

7. Era simplesmente Paderno até 1862, quando assumiu o nome de Paderno Milanese. O nome atual, Paderno Dugnano, foi oficializado em 1886.

hoje o município de Senago? Fundou muitos conventos no norte da Itália e também abriu cursos de oratória e de alfabetização.

Todos os percursos eram realizados a pé, seguindo os preceitos de São Francisco, que recomendava que seus frades não andassem a cavalo, "a não ser em caso de necessidade clara ou de enfermidade". Antônio atendia a doentes e pobres, escrevia sermões, celebrava missas, ouvia confissões e pregava. Tinha uma rotina ocupada: saía antes de o sol nascer e só se recolhia com a noite já escura. Lembrava-se das palavras do fundador, que atentava para a necessidade de sempre estar "disposto a se deixar importunar e aborrecer por todos, e a todos atender com a melhor das disposições e paciência".

Cronistas antigos chegam a afirmar que ele teria caminhado até o extremo sul da Itália e, de barco, mais uma vez cruzado até a Sicília, terra onde primeiro aportou em solo italiano tanto tempo atrás. Segundo tal versão, o gesto seria não só um agradecimento pelo seu destino como também para que fundasse mosteiros na ilha. Mas não há provas e, analisando racionalmente, seria improvável que o religioso tivesse retornado ali naqueles tempos em que as distâncias eram tão maiores. De qualquer forma, o Padre Giustiniano Scrinzi escreve que "chegando o santo à Sicília edificou conventos em Cafalu, Noto e Lentini e isso é atestado pela tradição somente".

Se a Sicília está mais para fantasia do que para fato, verdade era que Pádua constava sempre dos roteiros do franciscano. Uma carta enviada a ele, na qualidade de ministro provincial, pelo Papa Gregório IX em 20 de outubro de 1227 dava a entender que ele andava muito por ali. O sumo pontífice mencionou o papel dele no "combate às raposas que tentam destruir a vinha do Senhor" naquela área, citando especificamente a "diocese de Vicenza e regiões circunvizinhas".

Os itinerários antonianos, porém, nem sempre eram vicejados de sucesso. Em Udine, foi vítima da ira de cátaros e, diante de vaias, ofensas e pedras, precisou interromper uma pregação e voltar para o convento. "Uma única nota de entristecida vergonha nesta corrida triunfal", comenta Lopes. "Para que melhor o ouvissem, o santo subiu a uma árvore e foi dali que começou a pregar. Mas os cátaros hereges tiveram artes de amotinar o auditório que abriu num berreiro de chuvas e de apupos. E porque o santo, destemido, continuava o sermão, muitos pegaram pedras e à pedrada o obrigaram a descer do púlpito improvisado."

Quanto à postura, o Antônio ministro provincial em nada diferia do Antônio do início de carreira. Sua humildade saltava aos olhos daqueles com quem se deparava. Ele fazia questão de abolir qualquer protocolo hierárquico e queria ser tratado como igual, seja nas roupas que vestia, seja nas tarefas do dia a dia. Assim, quando se hospedava em um convento, tratava ele próprio de ajudar na cozinha, na faxina e também nos cuidados aos pobres e doentes.

"Afinal, Jesus disse a Pedro que era preciso pastorear as ovelhas. Jamais ordenou que as tosquiassem", costumava afirmar Antônio.

Para o frade, alguns valores precisavam ser inerentes à própria vocação sacerdotal. Um clérigo tinha de cultivar pureza interior, ser pleno de bondade para com os necessitados, disseminar a paz entre os povos, agir sempre com modéstia e apresentar hábitos irrepreensíveis. Ele acreditava que, exceto por aquilo necessário para viver, todos os bens à disposição de um religioso na verdade pertenciam aos mais pobres – e apossar-se deles seria um roubo, e assim um sacerdote precisava ser julgado. Antônio tinha por lema que era melhor ser amado do que temido porque, "com amor, até as coisas mais duras e pesadas se tornam doces e fáceis de carregar", enquanto "o medo torna intolerável mesmo o que é leve".

O período também foi rico em relatos milagrosos. Como no caso do homem que, antes da confissão, teria escrito todos os pecados em um pedaço de papel – pois, segundo ele, eram tantos que não seria capaz de enumerá-los mentalmente ao sacerdote. Antônio ouviu tudo de forma atenta e lhe deu a absolvição. Quando o fiel olhou para o papelzinho, nada mais estava escrito; o perdão havia apagado as faltas, inclusive das anotações.

Em Ferrara, conta-se que Antônio foi chamado para intervir em uma briga de casal. O marido ciumento não acreditava que o recém-nascido no colo da mulher era seu filho legítimo. O franciscano virou-se então para o bebê, pediu para interromper o choro e responder quem era seu verdadeiro pai: "Este é meu pai!", disse o recém-nascido, apontando para o homem. "Está vendo?", Antônio voltou-se para o pai. "Agora assuma a criança e dê todo o amor de que é capaz à sua mulher, porque ela merece mais do que ninguém."

Também se tornou famoso o caso do menino que havia batido na própria mãe, chutando-a. Ao atendê-lo em confissão, diante da gravidade do feito, Antônio foi severo com o garoto. Lembrou a passagem bíblica que diz "se o seu olho o encandaliza, arranca-o".

O rapaz levou a advertência ao pé da letra. Profundamente arrependido, pediu desculpas à mãe e, em seguida, pegou um machado e cortou fora a própria perna. A mãe ficou desesperada e foi ter com o sacerdote: "Padre, como o senhor me faz uma coisa dessas? Prefiro apanhar do que ver meu filho sofrendo assim!".

O franciscano manteve a calma. Foi até a casa, pegou a perna do menino no chão e segurou-a no local cortado com a mão esquerda. Com a direita, fez o sinal da cruz e rezou. Tudo se fixou novamente, sem nenhuma marca, como se o rapaz nunca tivesse nem sequer se machucado.

Há relatos, ainda, que indicam que Pedro de Verona (1205-1252), homem nascido em família cátara e que depois iria se tornar um santo mártir católico, converteu-se depois de ter conhecido Antônio e ouvido uma de suas pregações.

Em 1230, Antônio partiu novamente para Assis. Participaria de mais um capítulo geral da ordem. Os franciscanos tinham muitos motivos para celebrar. O fundador, Francisco de Assis, havia sido canonizado santo em 16 de julho de 1228, apenas um ano e nove meses depois da sua morte, pelo Papa Gregório IX. Naquele mesmo ano, uma basílica começou a ser erguida em Assis, para abrigar seus restos mortais – o caixão do santo foi transferido para o interior dessa nova igreja em 23 de maio de 1230.

Mas o franciscano português estava cansado de suas atividades burocráticas. Sentindo que a saúde não era mais a mesma, estava pronto para aproveitar o encontro para pedir dispensa do papel de ministro provincial. Queria se dedicar de modo especial às pregações e ao trabalho pastoral – ouvindo confissões e atendendo ao povo. "Talvez sentisse já o começo da doença a que em breve sucumbiria", afirma Frei Basílio.

De seus colegas frades menores obteve o aval de que precisava. Mas, obediente que era das hierarquias católicas, Antônio estava decidido a solicitar ao próprio papa a demissão da função. Ocasião para isso haveria: seu nome integrava uma comitiva de oito franciscanos – inclusive o ministro-geral Giovanni Parenti – que deveria se apresentar a Gregório IX para prestar esclarecimentos sobre a regra seguida pela ordem e também discutir a importância da recente canonização de Francisco.

No encontro com o sumo pontífice, Antônio voltou a impressionar a todos por sua erudição e seu manejo das palavras. À cúpula da Igreja, ele parecia saber toda a Bíblia de cabeça. Ou melhor: de coração. De acordo com a *Legenda assídua*, o frade destacou-se já na primeira audiência com o pontífice. "Tendo o ministro da ordem enviado o servo de Deus Antônio à Cúria pontifícia, por motivo urgente da ordem, tanto o prendou o Altíssimo de Sua graça, junto dos veneráveis príncipes da Igreja, que a sua pregação era escutada com sumo encanto pelo sumo pontífice e toda a assembleia dos cardeais", pontua o texto. "Na verdade, proferia coisas tais e tão profundas com desusada eloquência sobre as escrituras, que pelo próprio papa seria denominado com uma prerrogativa familiar: arca do Testamento."

Ao ouvir do franciscano o pedido de dispensa do cargo, Gregório IX rebateu oferecendo-lhe o título de cardeal. E que ele ficasse em Roma, onde seus conhecimentos seriam de grande valia para a Igreja. "Mas Antônio", conta Frei Basílio, "recusou a honra, preferindo à púrpura o pardo burel franciscano que mais condizia com seu espírito humilde." Percebendo-o irredutível, o papa efetivou sua demissão.

Já havia uma admiração mútua entre ambos, vale ressaltar. Gregório IX era o nome assumido, quando se tornou papa, pelo cardeal Ugolino dei Conti di Segni – mesmo que havia doado uma casa para os franciscanos criarem um centro de ensino em Bolonha, justamente onde Antônio tanto ensinou.

Antes de liberar o frade, contudo, o papa pediu que ele aproveitasse a estadia para pregar na igreja de São João de Latrão. Antônio não pestanejou: discursou contra os luxos da própria Igreja e o abuso dos bens materiais – que era "verdadeira doença de muitos clérigos".

E então houve mais um milagre. Ouviam-no na igreja autoridades católicas e peregrinos de diversas partes do mundo, gente que falava as mais diversas línguas: inglês, alemão, francês, grego, eslavo... E todos compreenderam os dizeres de Antônio, como se o religioso estivesse pregando no idioma natal de cada um.

O fenômeno lembrava aquele descrito nos Atos dos Apóstolos, livro bíblico seguinte aos quatro evangelhos. "Ao cumprir-se o dia de Pentecostes, estavam todos reunidos no mesmo lugar. De repente veio do céu um ruído, como que de um vento impetuoso, e encheu toda a casa onde estavam sentados. E lhes apareceram umas línguas como que de fogo, que se distribuíam, e sobre cada um deles pousou uma. E todos ficaram cheios do Espírito Santo, e começaram a falar noutras línguas, conforme o Espírito lhes concedia que falassem. Habitavam então em Jerusalém judeus, homens piedosos, de todas as nações que há debaixo do céu. Ouvindo-se, pois, aquele ruído, ajuntou-se a multidão; e estava confusa, porque cada um os ouvia falar na sua própria língua. E todos pasmavam e se admiravam, dizendo uns aos outros: Pois quê! Não são galileus todos esses que estão falando? Como é, pois, que os ouvimos falar cada um na própria língua em que nascemos? Nós, partos, medos, e elamitas; e os que habitam na Mesopotâmia, a Judeia e a Capadócia, o Ponto e a Ásia, a Frígia e a Panfília, o Egito e as partes da Líbia próximas a Cirene, e forasteiros romanos, tanto judeus como prosélitos, cretenses e árabes – ouvimo-los em nossas línguas, falar das grandezas de Deus", diz o texto.

Quando esses cidadãos voltaram para seus países de origem, levaram consigo a história. E a fama de Antônio espalhou-se ainda mais.

Oficialmente dispensado do cargo de provincial, Antônio decidiu que Pádua seria sua casa. Afinal, tinha obtido liberdade de escolha para isso. E gostava de lá – era uma cidade onde sempre se sentia bem acolhido durante as viagens. No verão de 1230 já estava instalado.

A recepção lhe foi perfeita. O bispo Jacopo Corrado (?-1239) já havia providenciado a cessão de uma igrejinha para os franciscanos, a Santa Maria Mater Domini, bem como um terreno anexo para a construção de um convento. O sacerdote franciscano Luca Belludi tornou-se um companheiro fiel e auxiliar de Antônio nos últimos meses da vida – tendo inclusive ajudado o santo na redação de sermões.

Havia uma expectativa grande também por parte da população. Antônio era amado por ali e saber que a cidade tinha sido escolhida por ele para viver, inevitavelmente, enchia o povo de orgulho. Em Pádua, Antônio voltou a lecionar – deu aulas de teologia na famosa universidade inaugurada na cidade em 1222. Também se dedicou a realizar homilias e a pregar em público.

Na virada do ano 1231, Antônio estava cansado fisicamente. Parecia que seu corpo já não mais suportava a vida frugal e cheia de atividades a que ele se impunha. Mesmo assim, o sacerdote seguia seus princípios: alimentava-se pouco, apenas sopa de legumes e pão, dormia numa pequena cama, estreita e mais curta que o corpo, e exigia de si uma rotina extenuante de orações.

Talvez antevendo que aquela seria sua última Quaresma, Antônio decidiu dedicar o período pré-pascoal a sermões diários, cada dia em uma igreja diferente da cidade. "Efetivamente tão grande fervor de pregar se apossou dele, que se disporia a pregar durante quarenta dias. E é indubitável que o fez. E coisa admirável! Sendo ele um homem atormentado por uma certa obesidade natural, e com achaques contínuos, todavia, por causa do ardoroso zelo das almas, permanecia muitas vezes em jejum, pregando, ensinando e ouvindo confissões, até ao pôr do sol", atesta a *Legenda assídua*.

Com a intensidade de tal rigorosa rotina, sua saúde ficava cada vez mais debilitada. O franciscano começou a travar lutas com o próprio demônio – pelo menos era assim que relatava aos mais próximos. Certa noite, quando tentava dormir, sentiu que o diabo agarrava seu pescoço. E o fazia com força, quase o estrangulando. Imaginando que era chegada sua hora, o sacerdote encomendou sua própria alma para a Virgem Maria – de quem foi devoto ardoroso durante toda a vida. E a santa teria dado forças para que ele fizesse o sinal da cruz e, assim, afastasse o inimigo.

Suas pregações da Quaresma, contudo, começaram a atrair fervorosas multidões. Milhares de pessoas. Dezenas de milhares. Viu-se obrigado a, como já havia feito na França, evangelizar em espaços abertos, ao ar livre.

Pádua era uma cidade movimentada e bastante rica. Havia ficado conhecida pelos prazeres mundanos. E também por ser local onde aproveitadores tentavam ganhar dinheiro fácil – conta-se que a agiotagem cobrada em Pádua era de 65% ao ano, contra os 25% comuns em outras paragens. Não à toa, financistas de Florença costumavam ir para lá para fazer esse tipo de negócio.

Antônio procurava cutucar as feridas sociais. Usava o púlpito para criticar e condenar tais comportamentos, da ganância à luxúria. E os relatos são de que, dado o fervor e o frenesi provocado pela maratona de fé promovida pelo sacerdote naquela Quaresma, Pádua experimentou um raro momento de paz. Ladrões pareciam em trégua: não roubavam; agiotas perdoavam velhas dívidas; inimigos davam-se as mãos. Todos os que ouviam seus sermões pareciam transformados.

"Um outro fruto da pregação, que vinha, porém, em prejuízo do santo, era a íntima comoção dos corações", relata Giustiniano Scrinzi. "Tinha-se e despertava-se, poderosa, a necessidade de paz, de confissão, de perdão. As consciências que, até então, se tinham entorpecido no mal e na ignorância, ao avistar o bem e a lei se entrechocavam. Porém a capacidade intelectual não era, assim, tão forte, que encontrasse meios de aquietar os decompostos alvorotos do coração: a palavra que tinha suscitado as dúvidas e as angústias da continuação da má vida não chegava para acalmar as almas, com a instrução, e elas, encontrando-se incapazes para aplicar as leis gerais aos casos práticos, de segregar as circunstâncias acidentais, que modificam ou mudam a lei, sentiam a necessidade do conselho prático e adequado à pessoa, de um guia à própria consciência, de uma educação, como a uma criança. Tinha-se, em suma, necessidade da confissão."

A *Legenda assídua* dedica-se bastante a contar sobre esse momento em que a fé de Antônio parecia embeber toda a comunidade. "Efetivamente, depois que Antônio, o servo de Deus, viu abrir-se-lhe a porta da pregação e o povo em multidão compacta a ele acorrer de todos os lados, qual terra sequiosa de água, resolveu que se organizassem encontros diários pelas igrejas da cidade. Mas, como em virtude da multidão dos homens e mulheres que acorriam, o recinto das igrejas não bastava para receber toda a gente, uma vez que o número crescia sempre cada vez mais, retirou-se para locais planos e espaçosos", diz o texto.

"Das cidades, das praças fortes e aldeias, vinha uma multidão quase inumerável, de um e outro sexo, todos com suma devoção, sequiosos da palavra da vida, pondo a sua salvação com firme esperança na sua doutrina. Efetivamente, erguendo-se por volta da meia--noite, disputavam entre si qual seria o primeiro a chegar e, acesas as lanternas, corriam ansiosos, para o local, onde ele ia pregar. Cavaleiros e matronas nobres poder--se-iam ver a chegar em massa, na escuridão, e aqueles que se tinham acostumado a trabalhar grande parte do dia, despertos, acalentando os efeminados membros do corpo, no torpor, com mantas macias, como dizem, sem qualquer custo antecipavam-se à pessoa do pregador", prossegue a narrativa.

"Compareciam os velhos, acorriam os novos, homens e mulheres simultaneamente, de toda a idade e condição; todos eles, depois de haverem deposto os vestidos de gala revestiam-se, por assim dizer, de hábito religioso. Por fim, até o venerável bispo dos paduanos seguiu com devoção à pregação do servo de Deus, Antônio, e, havendo-se tornado sinceramente modelo da grei, exortou-a a ouvir com o exemplo da humildade", conta ainda o documento. "Todos e cada um escutavam com tão grande desejo o que dizia que, não obstante muitas vezes, como consta, assistirem à pregação 30 mil homens, nem sequer se ouvia um sinal de clamor ou murmúrio de tão grande multidão; pelo contrário, num silêncio prolongado, como se fora um só homem, todos escutavam o orador com os ouvidos da mente e do corpo atentos. Até os próprios mercadores ou proprietários de lojas de qualquer espécie, onde se vendem as mercadorias, pelo grande desejo de o ouvir, só, terminada a pregação, expunham as mercadorias aos transeuntes."

O relato aborda também como a população tinha verdadeira adoração pelo frade. "No fim, no calor da devoção, as mulheres, de tesouras em punho, cortavam-lhe a túnica na ponta da franja e, quem pudesse ao menos tocar-lhe na franja do hábito, tinha a convicção de que haveria de ser feliz. Em vez disso, não poderia defender-se de um punhado de homens que se fizeram para ele, se não fora resguardado por um numeroso grupo de jovens alentados, ou não espreitasse solícito o local por onde fugir ou ele próprio, depois de a multidão ter debandado, não esperasse a melhor ocasião", afirma a *Legenda assídua*. "Chamava os desavindos à reconciliação fraterna; prendava os cativos com a liberdade; obrigava a restituir as usuras e as rapinas violentas, e se as casas e os campos se encontrassem penhorados, fosse o preço colocado a seus pés e, por deliberação sua, todas as coisas roubadas, fosse a rogo ou ajuste de preço, fossem restituídas aos espoliados. Proibia também às meretrizes a sua vida nefanda e escandalosa e arredava os famosos ladrões e facinorosos do ilícito contato do alheio. E deste modo, havendo levado a bom termo o curso dos quarenta dias, amontoou diligentemente uma grada colheita para o Senhor."

Houve ainda um efeito prático na legislação de Pádua. Em 15 de março de 1231, o município decretou que ficava "doravante ordenado que ninguém seja detido ou colocado em cárcere por motivo de dívida passada, presente ou futura, sob a condição de que renuncie aos seus bens". "Tal ordenamento se aplica tanto ao devedor como a quem lhe faça as vezes de fiador", prossegue o documento. Com um adendo importante: "esta lei se faz movida por instâncias do venerável Frei Antônio, bem-aventurado irmão da Ordem dos Frades Menores".

Outra atividade a que o sacerdote se dedicava com especial empenho era tentar convencer pais a não fazerem mais casamentos arranjados, comuns à época por interesses financeiros. Acredita-se que esse seja um dos motivos de sua fama póstuma como santo casamenteiro – no gesto de tentar coibir os matrimônios que serviam apenas como negócio, ele promovia o amor verdadeiro dos casais.

Todos esses esforços agravaram ainda mais o quadro de saúde de Antônio. O frade estava definhando a olhos vistos. Parecia não aguentar mais. Seu plano original era tirar um mês de férias, em retiro, apenas em julho. Entretanto, no início de maio, notou que estava no limite. "Tantos dias a falar em longos sermões, as horas a fio passadas no confessionário e os incômodos da doença, que mais e mais se acentuavam, fatigaram-no demasiadamente", aponta Frei Basílio.

Então ele decidiu escrever ao ministro provincial pedindo para repousar em uma ermida retirada. Camposampiero, a vinte quilômetros de Pádua, seria o local ideal. Havia ali uma capela simples, anexa a uma cabana que funcionaria como pouso. Antônio redigiu a solicitação e deixou sobre a mesa para remeter ao superior no dia seguinte. Mas não encontrou mais a carta.

Como era de seu feitio, preferiu acreditar nos desígnios de Deus. Por certo, se a carta se perdera, era porque não cumpria a ele interromper as atividades antes do previsto.

Mas qual não foi sua surpresa quando, dias depois, recebeu uma resposta do provincial? Milagrosamente, a carta que ele nunca remeteu foi entregue ao superior. E o mesmo concordava: era importante que Antônio se retirasse, descansasse, fosse mesmo para um refúgio em Camposampiero.

Dessa história da missiva que foi ao destino certo sem que ninguém a levasse, veio o hábito antigo, ainda cultivado por algumas pessoas, de escrever as iniciais S.A.T.G. no verso de cartas. Significa "Santo Antônio te guie".

Em 19 de maio de 1231, Antônio partiu de Pádua. Estava bastante fraco. Tossia muito e, a cada vez, perdia um pouco de sangue – quadro conhecido como hemoptise. A hidropisia, ou seja, aquele acúmulo anormal de líquidos no corpo do qual ele sofria há anos, era sentida de maneira intensa, profundamente incômoda.

Seu organismo parecia querer cobrar a conta por uma vida de tantas privações e dificuldades, jejuns severos, rotina puxada e pouco cuidado.

A igrejinha ficava nos domínios do conde Tiso VI (?-1234), conhecido como Tiso Maggiore ou Tisone. O político, oriundo de importante família feudal, nutria grande admiração por Antônio e era considerado amigo dos franciscanos de modo geral.

Antes de recolher-se na simplória cabana, o religioso decidiu visitar o nobre. Conversaram muito sobre questões cristãs e, noite já avançada, o conde insistiu: pelo menos naquela noite, que Antônio dormisse ali – já havia até mandado arrumar um aposento para ele. O franciscano dispensou a janta: comeu somente pão e água.

Apenas tempos mais tarde, Tisone relatou o que ocorreu naquele dia. Disse que, depois que todos da casa já estavam em seus quartos, ele decidiu verificar se o ilustre hóspede não precisava de algo. Então, viu uma luz forte, cuja fonte não podia ser nem vela nem tocha. Antônio estava em pé no meio do cômodo, com um menino no colo. A criança tinha uma aura celestial e fazia carinhos no rosto do frade – que retribuía os afagos com beijos em sua testa. Era o Menino Jesus.

Seria por conta desse episódio que as representações sacras de Santo Antônio comumente trazem-no com uma criança nos braços.

No dia seguinte, a caminho da capela, Antônio avistou uma nogueira imensa e, admirado, teve uma ideia:

iria construir ali sua cela, um quarto de madeira para morar entre os galhos da árvore. Tisone ficou sabendo dos desejos do amigo e mandou os criados executarem a obra. Não apenas um quarto para ele, como também outros dois, em árvores próximas, para irmãos franciscanos que estivessem auxiliando o famoso sacerdote.

CAPÍTULO 8

O SANTO

Antônio morre e, em menos de um ano, é reconhecido oficialmente como santo pela Igreja – no processo de canonização mais rápido da história. No primeiro aniversário de sua morte, Pádua começa a erguer a basílica a ele dedicada.

Seria muita ilusão acreditar que alguém com a fama de Antônio conseguisse descansar em pleno sossego. Mesmo longe da cidade e em um pretenso refúgio, o sacerdote continuava sendo procurado por gente precisando de orações, querendo se confessar, carente de uma conversa franca, sedenta por milagres.

O frade jamais se negava a atender quem o buscava, mesmo que a energia e o vigor parecessem lhe faltar. Combalido, fraco e cansado, trazia um sorriso nos lábios quando conversava com as pessoas, sempre com carinho e paciência. É desses dias em Camposampiero o relato de que ele teria curado uma menina paralítica, por exemplo.

Frei Basílio conta que a rotina do franciscano era dedicada a estudos, meditações e orações e que ele só descia do cubículo feito no alto da árvore quando alguém o chamava – ou quando o sino convocava para as atividades na capela e as refeições, que ocorriam em recinto improvisado. Nos outros dois alojamentos anexos, outros religiosos estavam hospedados, entre eles o fiel escudeiro de Antônio, Luca Belludi.

Em 13 de junho, uma sexta-feira, o religioso acordou como em todos os outros dias, desceu as escadas de sua cabana e foi até a capela. Lá já era aguardado pelos outros irmãos para a primeira oração da manhã. Em seguida, foram tomar o desjejum.

Mas Antônio sequer conseguiu colocar um pedaço de pão na boca. Desmaiou. Ele andava muito fraco e com o quadro de hidropisia cada vez mais grave.

Os religiosos o acomodaram em uma rudimentar cama, praticamente uma maca, feita de palha. Alguns minutos depois, recobrando a consciência, Antônio pediu que o levassem para Pádua. Ao notar que estava sendo ignorado pelos irmãos, tornou a insistir: queria ir para Pádua, voltar para a igreja de Santa Maria Mater Domini, para sua cela, seu conventinho ao lado da igreja.

Os irmãos decidiram que não era hora de atendê-lo. Antônio estava muito frágil para suportar a viagem. Mas ele insistia: "Quero voltar para Pádua... Por favor, me levem até lá".

O pedido não era apenas um capricho de quem queria retornar para a cidade que havia escolhido para ser sua. Em meio aos delírios da doença, mesmo agonizando, o sacerdote não queria ser um fardo para aqueles irmãos queridos ali no meio do mato, praticamente isolados – via que em Camposampiero ele significava um trabalho desmedido para a pequena comunidade. No convento de Pádua teria mais assistência e estrutura.

Foi sob protestos – e argumentos de que ele jamais seria um peso – que os irmãos acabaram vencidos pela insistência de Antônio. Prepararam, então, um carro de boi, colocaram-no deitado e devidamente enrolado em um manto, e partiram com destino a Santa Maria Mater Domini.

Próximos da entrada da cidade, encontraram-se com um irmão franciscano que estava saindo de Pádua para visitá-los em Camposampiero. Quando ele viu o estado de Antônio, convenceu os religiosos a não irem até Santa Maria: "Primeiramente, porque a viagem é mais longa. Vendo-o assim, pressinto que ele não aguentaria", disse. "E aqui perto tem um convento pequeno, onde certamente haverá mais tranquilidade para o Frei Antônio descansar e se restabelecer."

"Alegava o referido irmão que na residência dos frades havia de ocorrer grande agitação, e não menos perturbação, sobretudo porque, situados dentro da cidade, estariam expostos à concentração inoportuna das pessoas do século", confirma a *Legenda assídua*. "Ao ouvir estas palavras, o servo de Deus Antônio anuiu aos rogos do suplicante."

Estavam, então, muito próximos de um burgo chamado Capo di Ponte – hoje, o bairro de Arcella, no subúrbio de Pádua. Ali havia uma capela dedicada a Santa Maria della Cella, conhecida como Arcella, e uma casa religiosa anexa.

Foram acolhidos. Logo providenciaram um quarto para o religioso. Mas nada de ele melhorar.

A tosse era cada vez mais forte, renitente, infinita.
E seu corpo tremia em calafrios.
Tinha febre alta.

Antônio pediu para se confessar. Em seguida, começou a cantar louvores à Nossa Senhora: "*O gloriosa Domina, excelsa super sidera* – que, em português, seria algo como "Ó, gloriosa Senhora, sublimada acima das estrelas".

O olhar de Antônio era distante, parecia enxergar além das paredes. De repente, ele exclamou: "*Vidi Dominum*", ou seja, "Vi o Senhor".

O mesmo sacerdote que o havia ouvido em confissão concluiu que era hora de providenciar a derradeira bênção. "Quando os irmãos, ali presentes, viram que o seu feliz êxito estava iminente, decidiram ungir o santo de Deus com o óleo da sagrada unção", narra a *Legenda assídua*. "Tendo-se acercado dele um irmão para lhe conferir a sagrada unção, como é costume, fixando-o, o bem-aventurado Antônio diz: 'Irmão, não é necessário que me faças isso; eu já tenho esta unção dentro de mim; em todo o caso, é para mim um bem e agrada-me'."

Então, Fernando Martins de Bulhões e Taveira de Azevedo, o filho de Martim e de Maria Thereza, o frade franciscano, o Antônio de Lisboa, de Coimbra, de Pádua – de tantos outros lugares por onde passou, pregou, viveu – respirou fundo, tomou ar profundamente.

E suspirou.

Pela última vez.

"Eclipsou-se o astro fulgurante que tanta luz espargiu na cristandade. Fechou-se a boca que com tanto ardor e arroubos de eloquência anunciou o evangelho da salvação. Cerraram-se os olhos que em doce enlevo contemplaram o divino infante e ainda, antes de se apagar a sua luz, viram a Deus na glória. Deixou de bater o coração que outra coisa não amou senão o Criador e por seu amor as almas imortais", nas palavras de Frei Basílio. "Santo Antônio entrou no gozo de seu Senhor porque sempre foi o servo bom e fiel."

Naquele mesmo dia – obviamente sem ter como saber da notícia, dado que eram tempos de precária comunicação –, seu amigo Thomas Gallus, abade de Vercelli, 540 quilômetros distante de Pádua, recebeu uma estranha visita de Antônio, conforme relataria depois.

Depois de saudar o velho companheiro, o religioso franciscano teria dito: "Meu abade e senhor, deixei meu burrinho em Pádua e volto com pressa à minha pátria".

Deu-lhe um abraço afetuoso e saiu. Gallus tentou reencontrá-lo, mas não conseguiu. Ficou sem entender: o burrinho era o próprio corpo do religioso, obviamente deixado aqui na Terra.

Há ainda uma lenda que, no instante exato de sua partida, todos os sinos de todas as igrejas de sua Lisboa natal repicaram, em uníssono, sem que ninguém os tocasse.

Com a morte de Antônio confirmada, os irmãos franciscanos que testemunharam sua agonia final decidiram que era melhor esperar o anoitecer para levá-lo à igreja de Santa Maria – ou haveria muito tumulto pelas ruas. Mesmo com tal zelo, misteriosamente a notícia começou a se espalhar entre o povo. De modo que logo era possível ouvir crianças gritando pela cidade: "O santo morreu! Frei Antônio morreu! O santo morreu!".

Não demorou muito para uma verdadeira multidão aglomerar-se na frente do convento de Arcella. Mas o que era para ser uma manifestação de respeito, de fé e, de certa forma, de despedida daquele homem que tanto fizera pelas pessoas, acabou se transformando em confusão. A vizinhança começou a exigir que o corpo não fosse levado para Pádua. Eles argumentavam que se o frade havia "escolhido" Capo di Ponte para morrer, era porque deveria ali ser sepultado. Vislumbravam um santo para o pequeno burgo.

Não havia jeito de furarem o bloqueio para levá-lo até Santa Maria Mater Domini.

Temendo que o princípio de motim acarretasse consequências mais graves, os franciscanos organizaram-se para fazer um revezamento vinte e quatro horas por dia na guarda do convento. Foi oportuno; afinal, não só não conseguiam sair dali com o corpo de Antônio como, no dia seguinte, a situação piorou.

"Pela manhã, da cidade, das vilas e povoações, chega o povo fiel para ver o corpo do bem-aventurado Antônio; e, quem pudesse tocá-lo uma vez que fosse, convencia-se de que havia de necessariamente ser feliz. E se, por causa da multidão, alguns não podiam aproximar-se dele, bastas vezes atiravam, através das janelas e portas, cintos e cordões, anéis e colares e outros adornos; outros, pendurando estas coisas em varas compridas, apresentavam-nas para serem introduzidas e as receberem já santificadas pelo contato do sacratíssimo corpo", conta a *Legenda assídua*.

Sim, todos davam seu jeito para arrancar uma relíquia sagrada, ter para si – ou para outrem, negociando depois, geralmente por vias tortas – algo que tivesse tocado o cadáver do futuro santo. Era um tempo, vale ressaltar, que o catolicismo andava movimentado – ou seria melhor dizer contaminado? – pelas tais relíquias. De pregos que supostamente haviam crucificado Jesus a ossos de mártires, essas coisas eram exibidas em igrejas, consideradas objetos milagrosos e, inevitável, alimentavam um escuso mercado de abusos da fé alheia.

Com o impasse travado, a demora em definir o destino dos restos mortais de Antônio deixou os frades franciscanos muito preocupados. Primeiro porque o risco era grande de que, desesperadas e enfurecidas, aquelas pessoas ousassem remexer no corpo, rasgando em pedaços as vestes ou mutilando o cadáver – tudo em nome da obtenção de relíquias. Depois, porque era junho e o calor era muito intenso, de modo que ou enterravam logo o homem ou o corpo iria começar a se deteriorar.

Decidiram sepultá-lo ali mesmo, no pátio do mosteiro, ainda que de maneira provisória. Diante da notícia, começou o tumulto de fato: armados com paus, pedras, espadas, punhais e facas, pessoas cercaram o local. Ameaçavam. Queriam que o enterro fosse definitivo. Não admitiriam um túmulo provisório para o santo.

Foram solicitados pareceres de autoridades. O ministro provincial dos franciscanos decidiu: deveria ser cumprida a vontade de Antônio, ou seja, o sepultamento em Santa Maria Mater Domini. O bispo, Jacopo Corrado, concordou: era preciso respeitar os desejos de Antônio. Uma comitiva de frades foi designada a ir buscar o corpo em Arcella. Mas os religiosos foram impedidos de chegar até o convento – os revoltados moradores não permitiram que eles furassem o bloqueio.

As autoridades e os franciscanos deliberaram então uma nova tática: anunciar para a população que, diante dos apelos, havia ficado decidido que o enterro ali ocorrido seria, sim, definitivo.

Não deu certo. Em vez de acalmar o povo, a notícia foi mal interpretada. E gerou um boato que só aumentou a confusão: o de que o corpo de Antônio tinha sido roubado da sepultura e, por isso, para ocultar o fato, eles resolveram não mais transportar a arca até Santa Maria.

"O santo desapareceu!", ouvia-se nas ruas.

O único jeito de desmentir a história foi exumar Antônio da cova provisória, abrir novamente o caixão e mostrar que estava tudo ali.

O tempo passava sem que nenhuma solução surgisse para o impasse. Então alguém teve uma ideia genial: o governo municipal poderia intervir. Bastava publicar um decreto convocando todos os moradores adultos para uma assembleia geral. Os que não comparecessem teriam seus bens confiscados.

Obviamente que os membros do clero estavam dispensados da obrigação. Então foi assim que conseguiram levar o santo para Pádua – com a cidade completamente vazia.

Quando a população se deu conta, já era tarde demais. Mas, ao mesmo tempo, começaram a ser espalhados relatos de que bastara o desfecho da questão para que muitos milagres passassem a ocorrer por intercessão de Santo Antônio. Isso não só acalmou o povo como fez os revoltosos perceberem que tal destino era mesmo o melhor. Por fim, houve uma festa digna, com procissão pelas ruas, bandeiras coloridas, tochas acesas. O entorno de Santa Maria Mater Domini ficou em polvorosa.

"Logo no mesmo dia, foram trazidos muitíssimos doentes, com enfermidades várias, que, pelos merecimentos do bem-aventurado Antônio, foram de imediato restituídos à saúde primitiva. No mesmo instante em que o doente, fosse ele quem fosse, tocava a urna, após a sua sepultura, experimentava a alegria de se ver liberto de toda a espécie de enfermidade. Mas aqueles que, em virtude da multidão, não podiam permanecer diante da urna, quando transportados para fora das portas da igreja saravam, na praça pública, à vista de toda a gente. Aí, na realidade, abriram-se os olhos aos cegos; aí, o coxo saltou como o veado; aí, aos surdos abriram-se-lhes os ouvidos; aí, a língua dos mudos, solta, proclamava, rápida e com perfeição, os louvores de Deus. Aí, desarticulada a paralisia, consolidavam-se os membros do corpo na sua primitiva função; aí, o corcunda, a gota, a febre e várias outras enfermidades pestíferas são postas em fuga como por encanto. Aí, enfim, prestam-se aos fiéis todos os benefícios desejados; aí, alcançam os homens e as mulheres das diversas regiões do mundo o efeito salutar da oração", diz a *Legenda assídua*.

No dia 17 de junho de 1231, finalmente seria sepultado Antônio de Pádua. Em Santa Maria, conforme sua vontade manifestada em vida, e com direito à missa solene celebrada pelo bispo.

A partir de então, Pádua começou a ficar pequena. Relatos de milagres se tornaram ininterruptos. Peregrinos chegavam de todas as partes da Itália e, depois, do mundo – gradualmente, conforme a notícia se espalhava. "Acorrem os venezianos, apressam-se os trevisinos, apresentam-se os vicentinos, os lombardos, os eslovenos, os aquilenses, os teutões, os húngaros: todos estes, ao verem que se renovavam os milagres e se sucediam os prodígios, louvavam e glorificavam a onipotência do Criador", atesta a *Legenda assídua*.

Menos de um mês após a morte de Antônio, o bispo Corrado solicitou ao Papa Gregório IX que se iniciasse o processo de canonização do frade, porque ele já era venerado como santo. Esse pedido foi tratado com carinho e prioridade pelo sumo pontífice, que havia conhecido pessoalmente Francisco e Antônio e era admirador dos franciscanos.

Entretanto, o assunto enfrentou resistência de setores do cardinalato. Preocupações políticas pertinentes: com a recente canonização de Francisco, o reconhecimento da santidade de Antônio em pouquíssimo espaço de tempo poderia causar ciumeira em outras ordens. Era preciso intercalar, ao menos. Para os purpurados, também preocupava o gesto de nomear dois santos de uma ordem fundada há tão pouco tempo – mais precisamente vinte e um anos antes. Era necessário, no entanto, reconhecer também o apelo da Ordem dos Frades Menores, instituição que tinha conseguido arrebanhar cinco mil membros antes mesmo de completar a primeira década de existência.

Além disso, a enxurrada de relatos milagrosos que chegava à cúpula da Igreja pesava contra os resistentes – que precisaram ceder. Para abrir o processo de canonização, Gregório nomeou duas comissões: em Pádua, caberiam ao bispo, ao prior dos dominicanos e ao abade dos beneditinos a função de analisar os casos considerados impossíveis e examinar as pessoas que se diziam curadas; em Roma, um grupo de cardeais iria se deter sobre os relatórios. Dois outros cardeais, que haviam visitado a região da Lombardia, no norte da Itália, para uma missão anterior, atuaram como testemunhas. Eles relataram um sem-número de histórias ouvidas em suas andanças, cheias de milagres atribuídos a Antônio.

Consolidou-se o equivalente a 53 milagres indubitáveis. Entre eles, enumera Frei Basílio, "ressurreição de uma criança, cura de completa cegueira, de grandes deformidades físicas e de outras moléstias", sendo os beneficiados "gente de todas as classes". "Coisa admirável!", pontua. "Não sabemos se já se viu coisa igual de outro santo em tão pouco tempo depois da morte."

Em 30 de maio de 1232, menos de um ano após a morte de Antônio, Gregório IX anunciou sua santificação. O papa estava em Spoleto, a quarenta quilômetros da Assis de Francisco, quando tornou pública a decisão. Com a notícia, a igreja da cidade se viu lotada para a missa. Na ocasião, Gregório não apenas leu os relatos dos principais milagres como também recordou seu contato com Antônio – dizendo que tinha se "certificado pessoalmente da santidade da vida admirável" do frade.

"Em honra e louvor à Santíssima Trindade e para exaltação da santa Igreja, inscrevemos o servo de Deus, Frei Antônio, confessor da Ordem dos Frades Menores, no catálogo dos santos, e ordenamos que a sua festa seja celebrada todos os anos em 13 de junho", proclamou o sumo pontífice.

Concluiu, ainda, com a seguinte oração: "Ó exímio doutor, luz da santa Igreja, bem-aventurado Antônio, amante da divina lei, rogai por nós ao Filho de Deus".

Conta-se que, no momento do anúncio, mais uma vez os sinos de Lisboa tocaram sozinhos.

No dia seguinte, Papa Gregório escreveu ao bispo Corrado informando que Antônio já constava do rol dos santos, "para confusão da pravidade herética e confirmação da fé católica". No dia 13 de junho, Pádua celebraria o aniversário da morte do ilustre cidadão, pela primeira vez festejando o santo.

Na data, foi lançada a pedra fundamental da construção do santuário a ele dedicado, onde seria seu túmulo definitivo. Trata-se da mesma construção atual, oficialmente chamada Pontifícia Basílica Menor de Santo Antônio de Pádua. "Levou mais de um século até o templo estar acabado nas partes essenciais", afirma Basílio. Na verdade, a igreja seria concluída em 1310.

CAPÍTULO 9

O MILAGREIRO

De paralíticos que voltaram a andar a mortos que ressuscitaram, a relação dos 53 milagres constantes do processo de canonização de Santo Antônio – e sua fama popular como casamenteiro e caçador de objetos perdidos.

"Se adoece o filho, Santo Antônio; se manda uma encomenda, Santo Antônio; se espera pelo retorno, Santo Antônio; se precisa de um despacho, Santo Antônio; se aguarda a sentença, Santo Antônio; se perdeu a menor miudeza em casa, Santo Antônio; e, talvez, se quiser os bens alheios, Santo Antônio."

Atribui-se a frase acima a seu homônimo e conterrâneo de Lisboa: o padre jesuíta Antônio Vieira (1608-1697), considerado grande orador da Igreja. O comentário ilustra bem o caráter assumido por Santo Antônio junto aos devotos. Tamanha seria sua eficiência que ele se tornou um santo coringa, daqueles que são chamados para resolver qualquer problema.

Mas se é para falar de milagres – com a facultada ressalva de que neles acredita quem quiser, com o necessário comentário de que muitos fenômenos à época desconhecidos pela ciência acabavam entendidos como obra divina, com a pertinente sabedoria de compreendermos tais relatos em um longínquo contexto , cumpre relatar aqueles que foram os primeiros oficialmente reconhecidos pela Igreja. Os milagres que, de acordo com o seu mais antigo biógrafo, foram incluídos no processo de canonização do agora Santo Antônio – e que, portanto, ele achou por bem "anotar sucintamente" para "promover a devoção dos fiéis". As aspas nos 53 pequenos relatos são de trechos da *Legenda assídua*.

Os milagres foram organizados por temas. Primeiro, os relacionados a paralisias e outras dificuldades de locomoção – mazelas que constituem a maior parte dos relatos. Conta-se que logo após o corpo de Santo Antônio ter sido sepultado, com as referidas honras, em Santa Maria, foi até ali uma mulher de nome Cuniza, que usava muletas há mais de um ano por sofrer de anomalia na coluna – a qual a deixava com aparência "tão horrenda e tão deploravelmente deformada que nunca mais poderia caminhar senão com o apoio de muletas".

Admiradora da história de Antônio e conhecedora dos seus milagrosos relatos, Cuniza ajoelhou-se, com dificuldades, sobre o túmulo e ali rezou com muita fé. De imediato, seu dorso voltou ao normal e, "postas de lado as muletas, a mulher ergueu-se e regressou a casa".

Também precisava apoiar-se em muletas outra mulher, Gilda. Há oito anos ela sofria de um problema na perna esquerda. Seus tendões contraídos a impossibilitavam de fixar o pé no chão. "O marido, de nome Marcoaldo, depois de a ter colocado sobre o cavalo, levou-a às pressas à igreja de Santa Maria Mater Domini e, para que recuperasse a saúde, deixou-a devotamente diante do túmulo de Santo Antônio."

Gilda rezava de olhos fechados. Sentiu uma grande dor e um calor intenso na perna doente. Percebeu as mãos de alguém a tocando, mas, mesmo se abrisse os olhos, nada via. "Compreendendo a mulher que deveria ser o auxílio divino que havia sentido, levantou-se dali e, postas de lado as muletas, exultante, voltou a seu lar na companhia do marido."

Ricarda vivia meio que rastejando há cerca de vinte anos, porque suas pernas acabaram se desenvolvendo com alguma anomalia – eram raquíticas e não conseguiam sustentá-la. Ela sobrevivia à base de esmolas e foi como pedinte ao entorno do túmulo do santo, sabendo que ali havia se tornado um ponto de peregrinação.

E assim estava ali na praça, deitada ao chão, com seu pote de moedas, quando ouviu: "Graças a Deus, ela foi libertada!".

Era uma menina que saía da igreja, curada. Antes, tinha uma corcunda que mal a deixava andar. Agora, estava completamente saudável.

Ricarda decidiu entrar. Enquanto se arrastava, ainda na praça, um menino de 7 anos surgiu e a chamou. Ele desapareceu na porta da igreja. A mulher ingressou completamente absorta pela oração. Então, antes de chegar até o sepulcro, dois cistos se romperam nas pernas. "Em seguida, suas pernas ressequidas como madeira, ao longo de vinte anos, estenderam-se imediatamente e, relaxada a pele, começaram as carnes a crescer, até ao tamanho original."

Houve também um menino, Alberto, de 11 anos, que tinha o pé deformado, torcido, desde o nascimento. Na tentativa de ajustá-lo, o pai lhe colocava talas de madeira. "Certo dia, a mãe do menino prostrou-se junto ao túmulo de Santo Antônio com o filho e fosse como fosse introduziu-lhe o pé junto do local da sepultura, e, começando a suar abundantemente, posto que ali mesmo permanecesse pouco tempo, novamente entregue pelos guardas do sepulcro à mãe, retornou para casa já com as plantas dos pés voltadas para a terra."

Inês era uma menina que sofria de enjoos há quase três anos, vomitando quase tudo o que punha na boca. Isso a deixava extremamente magra e desnutrida. Todos os médicos desistiam de tratá-la por não saberem como proceder. À frente do túmulo do santo, sentiu uma dor aguda. Parecia que ia morrer. Mas saiu de lá querendo comer um pão inteiro. E, aos poucos, foi se recuperando.

Cesária era uma mulher da cidade de Veneza. Ela tinha um braço mais curto que o outro e o pé esquerdo contorcido. Queria ter ido a Pádua na época em que as pessoas acudiam a Santo Antônio, vivo, em busca de milagres – mas não conseguiu.

Quando pôde visitar o túmulo, experimentou a cura. Sentiu uma dor forte na barriga e um calor dominando o pé esquerdo e a mão mais curta. Sarou por completo.

Uma viúva chamada Prosdoxima, da cidade de Noventa,[8] teve a mão esquerda e ambos os pés completamente paralisados. Nesse estado, foi carregada até a igreja e colocada sobre a urna. "Logo, pelos merecimentos de Santo Antônio, os pés se distenderam e recuperaram a função primitiva. E a sua mão, um pouco trêmula, abriu-se e, por fim, de tal modo se distendeu que, à vista de todos, abria e fechava."

Nem todos os relatos coletados no processo de canonização foram de ocorrências póstumas. Na lista estava, por exemplo, a história de Paduana, uma menina de 4 anos, filha de Pedro. Era uma família de Pádua. A menina tinha uma anomalia nos pés e, por isso, caminhava com as mãos, arrastando-se. Além disso, sofria de epilepsia. Pedro procurou o Frade Antônio. Trazia a menina no colo e pediu que o sacerdote "assinalasse a filha com o sinal da cruz". Na volta para casa, Paduana já começou a melhorar e, gradualmente, em pouco tempo, a menina levava uma vida normal.

Maria havia sofrido uma tentativa de estupro quando estava às margens do rio Brenta. Ficou com sérias contusões no joelho, no peito e na bacia. Cinco anos depois do ocorrido, ainda convivendo com

---

8. Há três cidades italianas chamadas Noventa, todas no Vêneto: Noventa Padovana, Noventa Vicentina e Noventa di Piave – todas já existiam na época de Santo Antônio. O curioso nome, etimologicamente, vem do latim "nova entia", ou seja, "novas terras". A "Legenda" não especifica qual seria a de Prosdoxima, mas o contexto leva a crer em Novena Padovana.

sequelas e fortes dores, procurou o túmulo do santo – e foi curada.

Nassinguerra, um homem da cidade de Sacile, andava, fazia dois anos, com o pé suspenso – já que sua perna direita havia sofrido um grande trauma. Usava muletas e foi assim que chegou até o sepulcro do santo. Ali, suou abundantemente e sentiu uma dor descomunal. Então, à vista de todos, sua perna voltou ao normal e ele conseguiu voltar para casa caminhando normalmente.

Da cidade de Saonara, Maria era outra que também não conseguia andar. Era paralítica e não conseguia movimentar as pernas e os pés do lado direito. Levada à igreja, ficou por horas rezando. Os guardas acharam por bem fazê-la se retirar. Então ela se levantou e foi embora, andando, como se nenhum problema tivesse havido.

Escoto era do povoado de Porciglia, hoje parte de Vicenza. Em razão de uma grave inflamação, tinha os pés podres e inchados. Foi levado até o convento carregado às costas por um homem. Confessou-se com um frade e, em seguida, decidiu prestar sua homenagem a Santo Antônio. Rezou perante o sepulcro e foi curado.

Sofria de paralisia nos joelhos uma moça chamada Samaritana, vinda de Codigoro. Ela foi até Pádua com a mãe para se confessar com os frades. Depois, ambas decidiram rezar no túmulo de Santo Antônio. Milagrosamente, a menina sarou por completo.

Também era paralisia o que acometia Guina. Ela vivia na fortaleza de Montagnana. Não conseguia mexer o ombro e a mão direita. "Certo dia, havendo entrado, primeira e segunda vez, no túmulo de Santo Antônio, não tendo experimentado absolutamente nenhum alívio do ombro e do braço, foi ter com o frade que se aprestava a ouvi-la de confissão."

Após ser atendida pelo religioso, decidiu tentar uma terceira vez em frente à sepultura. "Quando ela orava, começou o ombro imediatamente a ser pressionado por uma grande dor e o osso da escápula a estalar, como um quebrar de nozes, e saltou para o seu primitivo lugar. Logo que a mulher se ergueu, sacudiu imediatamente o braço e, à vista de todos, voltou desembaraçada para casa."

Margarida tinha sofrido um acidente. Moradora de Pádua, possivelmente foi um tombo que a deixou desfigurada por completo, com "o pescoço retorcido e a mão esquerda e o pé tão recurvados que, enquanto os tendões se mantinham tensos e o calcanhar suspenso, dificilmente tocava o chão". Na frente do túmulo do santo também obteve a graça da cura.

Jacobino, por sua vez, era "aleijado de uma mão e de um pé", mas quando "orava sobre a urna, depois de permanecer ali um breve espaço de tempo", retirou-se com os membros reconstituídos.

Em Pádua, um rapaz tinha um problema de coluna que deixava seu queixo colado ao peito o tempo todo.

Quando chegou ao túmulo de Santo Antônio, ele conseguiu erguer a cabeça para prestar uma homenagem ao ilustre frade ali enterrado e, desde então, passou a ter uma vida normal.

Frederico vinha de um condado distante em busca da cura: ele havia caído atrás da igreja de sua cidade e machucado a coluna com tal gravidade que não mais podia andar. Chegou ao sepulcro e recuperou os movimentos imediatamente.

Gertrudes, por sua vez, ficou por quatro anos com o pé direito paralisado. Ela não precisou ir até a igreja onde o santo estava enterrado. Conta-se que, em uma noite, apareceu a ela um homem "de cabelos brancos, de pequena estatura e belo de aspecto, vestido de verde e revestido de um manto escarlate". Ele mandou a mulher mostrar o pé machucado, tomou-o pela mão, esticou os tendões para a frente e tanto o problema quanto o homem desapareceram completamente: era uma visão de Santo Antônio.

Maria era uma mulher de Ferrara e sofria paralisia total do corpo, com frequentes tremores da cabeça aos pés. Levada para rezar perante a lápide do santo, foi curada.

História muito semelhante à de Emerina, uma paralítica de Vicenza – que há cinco anos não conseguia pisar no chão, até que foi salva depois de rezar perto do túmulo do franciscano.

Outro paralítico, Mainardo, conseguiu carona em uma carroça que levava feno. Assim foi levado de

Ronchi, onde morava, até Pádua – mais de 150 quilômetros. Mas o carro o deixou em Prato della Valle, espaço público existente desde a Roma antiga.

Mainardo tinha um caso muito grave, não conseguia nem abrir a boca sozinho para comer. Precisou da ajuda de um homem que o levou, carregando-o às costas, até a igreja, onde queria rezar no sepulcro. "Terminada a oração, ergueu-se e, louvando em alta voz a Deus e a Santo Antônio, regressou a casa pelos seus próprios pés."

Bília era uma senhora que padecia de tremores por todo o corpo. Diante do túmulo, sentiu um "calor desmesurado" e saiu de lá saudável.

Solange, bastante debilitada por uma paralisia, havia prometido rezar na frente do túmulo do santo. Mas morava em Montagnana, 45 quilômetros dali, e sua condição dificultava, e muito, o trajeto. Santo Antônio apareceu para ela em sonho e a curou assim mesmo.

Em seguida, a *Legenda assídua* apresenta relatos de curas de cegueira. Como a menina Auriema, que não enxergava fazia um ano e meio. Chegando ao túmulo de Santo Antônio, ela limpou os olhos com a toalha que cobria a urna – imediatamente recobrou a visão.

O frade franciscano Teodorico, cego do olho esquerdo, percorreu quase oitocentos quilômetros da Apúlia até Pádua para rezar por Santo Antônio. Conta-se que o esforço foi recompensado: o irmão voltou a enxergar.

Zambrono morava em Treviso e também não via nada com o olho esquerdo havia mais de seis anos. Ficou com a visão perfeita em Pádua. História semelhante viveu Flor de Gemma, que viajou trezentos quilômetros de Loreto para Pádua.

Leonardo, de Conegliano, não enxergava mais e só reconhecia as pessoas pela voz. Rezou com fé para Santo Antônio e voltou a enxergar. Exatamente o que ocorreu com Aleixa, que também estava cega de ambos os olhos. E com Carolina, uma alemã.

Entre os milagres que serviram para a canonização, há três casos de gente que teria se recuperado da surdez por intercessão de Santo Antônio. Leonardo, de Veneza; Menico, cuja origem não é mencionada; e Rolando, um búlgaro.

Também são três os casos de cura de mudez. Bartolomeu, do povoado Piove di Sacco, a dezessete quilômetros de Pádua; uma mulher de nome Miguelota; e um "certo homem de Friuli". À frente do túmulo, todos soltaram a língua. E foram embora louvando a Deus em alto e bom som.

Naquela época, a epilepsia era, mais do que uma doença, considerada uma peste, praticamente uma maldição – ou uma possessão demoníaca. Santo Antônio teria curado Miguelota, de Pádua, que estava "à beira da morte" quando foi levada pela mãe para rezar diante do túmulo do franciscano. Simeão, outro curado do mesmo problema, era um menino ainda

– desde os 3 anos de idade sofria com os constantes ataques da doença.

Problemas de postura que causam deformidades, aquelas que são chamadas popularmente de corcundas, também foram objeto de três curas milagrosas atribuídas ao santo e constantes do processo de canonização. Tridentino tinha "um osso que lhe apareceu sobressalente na espinha dorsal". Veneziana, uma mulher de Treviso, convivia com "um inchaço no peito, do tamanho e feitio de um pão" – ela permaneceu durante dois dias em oração na frente da sepultura do franciscano. Veridoto, por sua vez, teria desenvolvido a deformidade após um acidente em que havia quebrado a coluna.

Com inflamações e febres intensas, dois casos de enfermidades também foram reportados. No primeiro, um homem chamado Bonizo tinha inflamações na garganta e era "atacado de febres inquietantes, ao mesmo tempo que a angústia o cruciava sem piedade". Dois frades franciscanos souberam da doença e foram visitá-lo em casa. Recomendaram que ele se confessasse e, em seguida, ofereceram a ele um pedaço do manto de Santo Antônio, para que ele passasse no rosto febril e, assim, recuperasse a saúde. Deu certo.

Zono era um menino que enfrentava acessos febris a cada quatro dias e muitos problemas de gota. Foi curado perante o túmulo de Santo Antônio.

Histórias de ressurreição, no entanto, são, sem dúvida, os dois mais impressionantes relatos inclusos no rol utilizado para justificar a canonização de Antônio.

É o caso de Eurília, uma menina que vivia nas proximidades de Pádua. Ela foi encontrada morta, boiando e com o rosto voltado para cima, em um poço. Desesperada, a mãe retirou-a da água e colocou-a na beira. O corpo já estava sem movimentos.

"Tendo um homem dentre os que ali se encontravam ao redor verificado que estava enregelada de um frio mortal, voltada a cabeça para baixo, ergueu-lhe os pés ao alto sobre um disco. Mas nem assim recuperava a respiração nem a sensibilidade; porque, comprimidas as queixadas, como se faz aos defuntos, e juntos os lábios, se desvanecera toda a esperança de salvação. Por fim, a mãe, solícita, depois de fazer uma promessa ao Senhor e ao seu servo Santo Antônio, prometeu que havia de trazer ao túmulo uma imagem de cera da filha, se se dignasse restituir-lhe a filha viva."

Nem bem havia acabado a mãe de pronunciar a promessa, a menina moveu os lábios, vomitou a água ingerida e tornou a viver.

Algo parecido ocorreu em Comacchio. "Havia ali um homem, de nome Domingos, a quem, um dia saindo de casa para fazer um trabalho, se lhe associou de imediato um filho pequeno, por companheiro. E quando já se tinha afastado um pouco de sua casa, olhando para atrás, viu que não estava ali ninguém." O homem procurou e deu com o menino afogado em um poço. Fez uma promessa para Santo Antônio, e o menino rapidamente recobrou os sentidos.

Por fim, a lista dos milagres incluía, ainda, sete histórias de temática aleatória.

Um exemplo refere-se a uma taça de vidro que foi conservada intacta, quando um cavaleiro chamado Aleardi, no dia seguinte ao enterro de Antônio, decidiu colocá-la à prova.

Conta-se que ele era admirador das seitas chamadas de heréticas e, portanto, fazia pouco-caso dos relatos milagrosos do franciscano. Como estava em Pádua, soube da recente morte do famoso frade e, na taberna onde almoçava, começou a ouvir testemunhos de gente que havia presenciado curas e outros fenômenos pelas mãos do religioso.

"Pois, se este homem realmente for santo, então que esta taça não se quebre", disse Aleardi, arremessando-a, com força, contra uma parede de pedra. Para a admiração de todos – e conversão do cavaleiro –, ela não se quebrou.

Há o caso de uma freira chamada Oliva, que conseguiu tocar as mãos de Antônio antes de seu corpo ser sepultado. Em vez de pedir por cura ou alguma graça específica, ela rezou clamando que sentisse todo o sofrimento necessário para pagar por seus pecados.

Assim que entrou no seu convento, foi possuída pela dor mais lancinante. No dia seguinte, acordou ainda pior. Irmã Oliva foi salva pelo próprio Santo

Antônio: alguém trouxe para ela um pedaço da túnica do frade e, tocando-a, recobrou a saúde e voltou a se sentir bem.

Uma devota mulher havia conseguido convencer o marido – que levava uma vida mais mundana – a fazerem, juntos, uma peregrinação a Santiago de Compostela. A caminho, entretanto, o homem se viu incomodado pela exagerada alegria da cônjuge e cancelou a viagem.

Profundamente decepcionada, a mulher rebateu: "Se você não cumprir a promessa da peregrinação, em nome de Jesus Cristo e de Santo Antônio, vai acabar me vendo afogada nessas águas".

E então se atirou a um rio que corria nas proximidades. Quando foi resgatada, depois de muito se debater quase afogada, suas roupas e seu corpo estavam completamente secos.

Também houve o caso de uma embarcação a caminho de Veneza, com 26 homens e mulheres a bordo. Ocorreu uma forte tempestade e o barco perdeu o rumo. Desoladas e desesperadas, as pessoas fiaram-se em Santo Antônio para recuperar a rota. Uma luz teria aparecido, então, guiando a nau até a região planejada.

Guidoto era padre em Anguillara, perto de Roma. Certa vez, em Pádua, ele debochou daqueles que contavam os feitos milagrosos de Santo Antônio. À noite, "começou a ser atormentado por dor tão forte que se persuadira de que sobre ele impedia indubitavelmente o juízo da morte". O próprio não teve coragem de se dirigir ao santo – pediu à mãe para fazer uma promessa pela sua recuperação. Curado, passou a testemunhar em favor da santidade do franciscano.

Vita morava na região de Pádua e, tão logo Antônio morreu, queria ela muito visitar seu túmulo. Mas era época da colheita de cereais e, se ela faltasse à lida, os pássaros não deixariam sobrar nada. Então prometeu ao santo que, se ele os afastasse, ela visitaria seu sepulcro nove vezes. Quando acabou a oração, imediatamente sumiram todas as aves que circundavam a plantação.

O último relato do processo de canonização foi a história de Henrique, cuja família era da própria cidade de Pádua. O menino tinha grave inflamação no pescoço e, sem saber a quem recorrer, a mãe prometeu a Santo Antônio que levaria ao túmulo um pescoço com cabeça de cera.

Henrique recuperou-se, mas a mulher ignorou o pagamento da promessa.

Quinze dias depois, entretanto, a inflamação voltou a atormentar o garoto. Sua mãe então resolveu cumprir o combinado com o santo e, tão logo levou a oferta ao sepulcro, Henrique curou-se definitivamente.

Mas se Santo Antônio tornou-se santo "para toda obra", aquele invocado nas mais diversas ocasiões pelos fiéis, sua fama popular mais conhecida é a de "santo casamenteiro". Não há um consenso sobre essa explicação – aparentemente, é algo que tem mais relação com a tradição do que com a biografia do frade franciscano.

De concreto, ao que parece, foi que ele chegou a desaconselhar famílias de praticarem casamento arranjado, tão comum naqueles tempos justamente para favorecer as posses. Antônio defendia o amor e, portanto, era contra a mercantilização do sacramento do matrimônio.

Em contrapartida, há outra história, cujo relato varia conforme quem o conta. Em uma época em que a noiva – ou o pai da noiva – precisava providenciar um bom dote para que ela se casasse, o frade teria auxiliado uma moça sem recursos a conseguir firmar o casamento com o homem por quem era apaixonada.

Uma das versões afirma que isso teria ocorrido ainda em vida, com o franciscano desviando parte dos donativos recebidos – os quais deveriam ser revertidos em obras de sua ordem – para ajudar a pobre enamorada. Mas há quem acredite que isso ocorreu anos depois da morte de Santo Antônio, com a moça rezando por sua ajuda – e o dinheiro necessário aparecendo, misteriosamente, no quarto dela.

No imaginário popular, de qualquer forma, o papel de casamenteiro pegou. Não à toa, o santo é personagem de simpatias de todas as formas. Tudo em nome do amor. Há até quem diga que o Dia dos Namorados no Brasil é em 12 de junho para que os encalhados, no dia seguinte, tenham motivos para rogar a Santo Antônio. Balela! Na verdade, a data foi criada por um publicitário em 1949 para turbinar as vendas do mês, então considerado fraco comercialmente.

"Encontrar noivo é também um milagre da paciência incrível", pontua o antropólogo e folclorista Luís da Câmara Cascudo (1898-1986), no longo verbete que dedicou ao santo em seu *Dicionário do folclore brasileiro*. "As moças submetem as imagens de Santo Antônio a todos os suplícios possíveis, na esperança de um rápido deferimento."

Nas simpatias populares brasileiras, vale todo tipo de chantagem com o santo: dependurar a imagem de cabeça para baixo, fazer novenas, propagar correntes e ameaçar arremessar a estatuazinha do santo pela janela. Especialistas acreditam que a vocação para cupido do santo franciscano tenha sido consequência de sua associação, pela data, com as festas juninas. Faz sentido: nas antigas comunidades brasileiras, as quermesses eram o momento em que os jovens festejavam e, portanto, ocasião para começarem a namorar.

Outro papel milagreiro atribuído ao famoso santo é o de ajudar a encontrar coisas perdidas. Câmara Cascudo encontrou uma explicação prosaica para isso. Seria, conforme o folclorista, tudo resultado de um erro de semântica. Em francês, o de Pádua teria se transformado em *épave*, que significa "destroços" ou "coisa perdida" – daí os objetos perdidos, abandonados, desses que surgem na orla trazidos pelo mar, sem dono. Verdade ou não, é uma versão.

CAPÍTULO 10

MILITAR, DOUTOR E SANTO DE TODO O MUNDO

A insólita história de como um santo que era avesso às armas acaba se tornando militar em diversos exércitos, tanto em Portugal como no Brasil. E o reconhecimento de Antônio como doutor evangélico da Igreja Católica.

O reconhecimento póstumo de Santo Antônio vai além da fé das pessoas, uma vez que o religioso recebeu patentes militares – com direito a salários – e títulos honoríficos.

À primeira vista, é estranho imaginar como um santo cuja vida foi dedicada à paz pode se tornar membro honorário de exércitos. Justo ele que, na adolescência, negou-se a tornar-se cavaleiro como o pai. Justo ele que defendia que as Cruzadas verdadeiras fossem travadas pelo diálogo, pelo convencimento, pela argumentação – nunca pelas armas. Justo ele que abraçou a ordem franciscana, sempre associada à cultura de não violência.

Antônio era invocado informalmente por soldados portugueses, que rogavam a ele proteção em suas incursões. Entende-se que, em situações de conflitos, é natural que o santo protetor seja um conterrâneo – afinal, neste caso, contrariando o dito popular, é o santo de casa que traria o milagre da vitória, posto que ele seria capaz de compreender os mesmos anseios nacionalistas. Como Santo Antônio já gozava de imensa popularidade em Portugal, parecia natural que fosse ele o mais lembrado pelos guerreiros.

Uma boa hipótese: guerras, afinal, costumam fortalecer símbolos e ícones locais. Sendo Antônio um santo nascido em Lisboa e muito associado à cultura religiosa portuguesa, é óbvio que seu apelo junto aos soldados seria bem maior. E não importa se ele, em vida, tinha sido inveterado pacifista.

Em 1623, quando Portugal estava nas mãos da dinastia filipina, já apareciam referências ao santo como um militar do exército local. Mas, segundo os registros históricos, a carreira fardada de Antônio começou oficialmente em Portugal durante o reinado de Afonso VI (1643-1683). No período foi concluída a chamada Guerra da Restauração, entre as coroas portuguesa e de Castela – o término do conflito resultou no reconhecimento, por parte da Espanha, da independência de Portugal. Para incentivar o exército nas batalhas contra o domínio de Castela, o monarca militarizou o santo. Afonso VI determinou que ele "fosse alistado no exército, como seu patrono" e "assentasse praça como soldado" – e, claro, lhe fosse pago o salário compatível com a função.

Seus trabalhos militares tiveram início em 1665, quando foi travada a famosa Batalha de Montes Claros, entre portugueses e espanhóis. Com a vitória lusitana, Antônio ganhou a devoção da maior parte dos soldados. A presença de sua imagem nos frontes aumentava o moral dos combatentes.

O sucessor no trono português, Pedro II (1648-1706) decidiu promover o santo. Quando ele ainda era príncipe regente, integrou-o ao Regimento de Infantaria número 2 de Lagos, em 1668. Em 1733, o rei João V (1689-1750) elevou-o ao posto de capitão.

Mas curiosa mesmo é a carta escrita em 1777 pelo major Hércules António de Albuquerque e Araújo de Magalhães, comandante do Regimento de Lagos. Ele pedia à rainha Maria I (1734-1816) que promovesse mais uma vez o santo – alegava que seu desempenho militar era exemplar. "Durante todo o tempo", diz a petição, "em que tem sido capitão, vai quase para cem anos, constantemente cumpriu seu dever com maior prazer à frente de sua companhia, em todas as ocasiões, em paz e em guerra, e tal que tem sido visto por seus soldados vezes sem-número, como eles todos estão prontos para testemunhar: e em tudo o mais tem-se comportado sempre como fidalgo e oficial." Magalhães prosseguiu ainda dizendo que "por todos esses motivos" o capitão Antônio seria "muito digno e merecedor do posto de major" ou mesmo de "quaisquer outras honras, graças ou favores" que lhe fossem conferidos pelo reino.

Assim como ocorria em qualquer pedido de promoção do tipo, na carta sobre Santo Antônio o major frisava à rainha que não havia nos registros do Exército nada que o desabonasse, nenhuma informação relativa a "mau comportamento ou irregularidade praticada por ele: nem de ter sido em tempo algum açoitado, preso, ou de qualquer modo punido durante o tempo que serviu como soldado raso no regimento".

Na ocasião, Maria I não concedeu a promoção e, ao que parece, ignorou o vetusto pedido de Magalhães. Em 1880, sessenta e quatro anos após a morte dela, Antônio tornou-se oficial-general do exército lusitano.

Mas a rainha portuguesa teve papel importante no reconhecimento do santo junto ao Vaticano. Foi por intermédio dela – e o registro está gravado em letreiro na lateral da Igreja de Santo Antônio, em Lisboa – que o Papa Pio VI (1717-1799) concedeu "indulgência plenária", ou seja, perdão absoluto dos pecados, a todos os que, devidamente confessados e comungados, visitassem o local.

Antes que as histórias militares portuguesa e brasileira de Antônio se cruzem, é preciso recuar no tempo para traçar uma cronologia de sua carreira também no Brasil. Antônio entrou oficialmente para guardas brasileiras ainda antes do que na metrópole. Seu primeiro posto militar teria sido como soldado na Bahia, em 1595.

De acordo com o historiador José Carlos de Macedo Soares, quando uma frota holandesa partiu da Europa para tentar invadir o Brasil, no caminho eles passaram por fortificações erguidas por portugueses no litoral africano. Ali, na ilha de Arguim, hoje Mauritânia, teriam subtraído uma imagem de Santo Antônio, que passaram a carregar a bordo, em um dos doze navios.

No caminho, desrespeitaram e mutilaram a imagem. Por fim, lançaram-na ao mar. Macedo conta que, então, houve uma tempestade, com naufrágio de todos os navios – exceto um, justamente o que havia antes carregado o santo. Este chegou até Sergipe, onde os tripulantes acabaram presos e levados até a Bahia.

Quando os detentos estavam na altura de Itapuã, avistaram a mesma imagem antes atirada ao mar. Estava na praia, em pé. Tida como milagrosa, a estatueta foi levada para uma capela e, em 23 de agosto de 1595, para o convento franciscano de Salvador – fundado dez anos antes.

Segundo o memorialista Ignacio Accioli de Cerqueira e Silva (1808-1865), desde então o santo passou a ganhar salário de soldado na Bahia. Mais tarde, Antônio seria promovido – primeiro a capitão, depois a tenente-coronel. Há indícios de que só na Bahia o santo tenha chegado a receber quatro salários simultâneos, por atuações em cargos diferentes ao mesmo tempo.

Em 1685, quando tinha acabado de assumir a então capitania de Pernambuco, João da Cunha Souto Maior determinou que se assentasse "praça de soldado a Santo Antônio de Lisboa". De acordo com o político, os préstimos do santo seriam necessários para auxiliar os combatentes ao Quilombo dos Palmares. Souto Maior determinou que o convento dos franciscanos de Olinda – o mais antigo do país, cuja construção começou em 1585 – recebesse o salário em nome do santo. Não apenas os vencimentos, aliás, mas também o valor correspondente ao seu fardamento. Em 1717, o governador Lourenço de Almeida (1680-1750) promoveu o religioso a tenente – com proporcional aumento de salário, evidentemente.

E se o milagre mais formidável atribuído a Santo Antônio foi o da bilocação, em termos de patentes militares ele se tornou quase onipresente, atuando – e sendo remunerado – por vários exércitos de forma concomitante. Na Paraíba, o santo já tinha o posto de soldado raso quando o responsável pelo convento que ficava com os seus honorários encaminhou a João Maia da Gama – governador de 1708 a 1717 – um pedido de aumento. Para o frade, a graduação de soldado era "pequena, para tão grande santo". Gama fez que não era com ele: retransmitiu a carta ao rei, João V. E a solução foi um tanto prosaica. A carta régia, emitida em 1709, não promovia o soldado, mas determinava que Santo Antônio vencesse "duas graças de soldados, dobrando-se-lhe a que já tinha, como auxílio aos religiosos".

No Rio, Santo Antônio já era soldado raso em 1710 quando sua imagem participou da defesa de uma das tantas invasões francesas. Na ocasião, o corsário Jean-François Duclerc e uma tropa de 1.200 mil homens aportaram na Baía de Guanabara. Quando os invasores foram expulsos, o governador Francisco de Castro Morais (1670-1738) promoveu o santo a capitão de infantaria.

O então governador da capitania de Goiás, Marcos de Noronha e Brito (1712-1768), também recebeu um pedido para que fizesse de Santo Antônio soldado de sua capitania. Seu despacho foi favorável, mas dependia de aprovação real. Pouco antes de morrer, João V emitiu a carta régia em 1750. E, em vez de nomeá-lo soldado, determinou que Antônio já começasse a carreira ali como capitão de infantaria.

Solicitação semelhante foi feita na capitania do Espírito Santo. Frei Amaro da Conceição, guardião do convento de São Francisco da Vila de Nossa Senhora da Vitória, fez a requisição. Em 21 de fevereiro de 1752, o governador José Gomes Borges acatou o pedido. Com um adendo: enquanto tardasse a sair a aprovação da metrópole para que o valor fosse pago pela Fazenda Real, o holerite do santo seria garantido graças a vaquinha dos próprios militares – um vintém por mês de cada soldado, dois vinténs de cada oficial.

Em São Paulo, foi coronel – maior patente de sua carreira no país – conforme atesta documento manuscrito registrado na página 154 do livro 17 do Arquivo do Estado. "Faço saber aos que esta minha carta patente virem, que sendo-me presente por parte do provedor, e mais irmão da irmandade do senhor Santo Antônio, ereta na capela filial da Sé desta cidade, que para aumento da devoção do mesmo santo e à imitação do que se tem praticado nas mais capitanias deste Brasil, me pediam que lhe mandasse passar patente de coronel dos Regimentos desta capitania, atendendo a que o sobredito santo é admirável em milagres e singular protetor dos portugueses, e santo do meu nome, muito poderoso para com o senhor dos exércitos, que tem na sua mão. Hei por bem de lhe oferecer como por esta lhe ofereço, humildemente, e com toda a devoção, o posto de coronel das tropas desta capitania de São Paulo, e lhe rogo queira recebê-las debaixo de sua grande proteção", escreveu, em 5 de janeiro de 1767, o governador Luís Antônio de Sousa Botelho Mourão (1722-1798), o Morgado de Mateus. "Pelo que ordeno aos oficiais e soldados das tropas de toda esta capitania reconheçam ao glorioso e invicto santo Antônio por seu coronel, e como a tal recorrerão para os prover de remédio em todas as suas necessidades assim temporais como espirituais."

Com tão alta patente, em São Paulo Antônio nunca precisou ser promovido.

O folclorista Câmara Cascudo ainda registra um caso de Natal, no Rio Grande do Norte. Segundo ele, na Igreja de Santo Antônio da cidade, "anterior a 1763, existe uma imagem do orago com o tratamento popular de capitão, embora desacompanhado de documentos".

No mesmo século XVIII, o santo recebeu o bastão de comando da colônia do Sacramento, no extremo sul do país. A honraria lhe foi dada pelo governador da capitania do Rio Grande São Pedro, Sebastião Xavier da Veiga Cabral da Câmara (1742-1801).

A irmandade de Santo Antônio de Pádua de Vila Rica, então capital de Minas Gerais, também pediu e foi atendida. Citando os precedentes espalhados pelo

Brasil, a rainha Maria I, em carta de 1799, fez de Santo Antônio capitão de cavalaria dali.

Mas, no início do século XIX, quando as histórias portuguesa e brasileira se entrelaçaram fortemente – com a transferência da família real ao Rio de Janeiro, em fuga das tropas napoleônicas que chegavam a Portugal –, as nomeações militares a Santo Antônio passaram a ganhar peso intercontinental.

Então príncipe regente, João VI promoveu o religioso a sargento-mor de todo o então exército luso-brasileiro. No decreto, de 1810, ele confessou "particular devoção" ao santo e ressaltou que o ato era uma gratidão pela intercessão de Antônio "em prol da monarquia portuguesa, duramente hostilizada" por Napoleão. Três anos mais tarde, uma promoção o fez tenente-coronel de infantaria. Seus procuradores eram os franciscanos do convento de Santo Antônio do Rio de Janeiro, mosteiro inaugurado em 1620.

Conforme observa Câmara Cascudo, "nos dias de festa, a imagem existente no convento de Santo Antônio do Rio de Janeiro usava chapéu orlado de arminho, espada, banda e dragonas de oficial superior".

João VI ainda concederia a Santo Antônio a grã-cruz da Ordem de Nosso Senhor Jesus Cristo, ordem honorífica lusitana criada em 1319, destinada a reconhecer cidadãos de destaque.

A trajetória militar de Santo Antônio no Brasil, contudo, chegaria ao fim com a proclamação da

República e oficial separação entre Igreja Católica e Estado. Ainda na gestão do primeiro presidente, marechal Manuel Deodoro da Fonseca (1827-1892), a legitimidade do holerite do santo foi colocada em discussão.

Então ministro da guerra, marechal Floriano Peixoto (1839-1895) emitiu um aviso, em outubro de 1890, determinando que, pelo menos até então, não fosse anulado o decreto de 1814. "Senhor diretor da Contadoria Geral da Guerra", escreveu Peixoto, "Deferindo a reclamação pelo provincial dos franciscanos, Frei João do Amor Divino Costa, e por essa repartição informada em 24 de setembro último, vos declaro, enquanto por ato especial não for anulado o decreto de 26 de julho de 1814, que conferiu a patente de tenente-coronel de infantaria à imagem de Santo Antônio do Rio de Janeiro, deve continuar a pagar-se o soldo a que tem direito e que até agora tem sido abonado. Saúde e fraternidade."

Em 1907, contudo, ao fazer um pente-fino nas contas estatais, o delegado fiscal do Tesouro Nacional – por ironia do destino, chamado Antônio de Pádua Mamede – impugnou a inclusão do nome de Santo Antônio nas folhas de pagamento. "Não é lícito que a nação continue a pagar aquele soldo [...] concorrendo--se, assim, para conservar a crendice que teve o príncipe regente ao expedir aquelas patentes, sob o fundamento de haver o dito Santo Antônio influído para salvar a monarquia portuguesa da grande crise que então atravessava", considerou.

O processo foi aprovado apenas cinco anos depois, pelo ministro da Fazenda Francisco Antônio de Sales (1863-1933) – cujo nome, aliás, também é mais um capricho do deus das coincidências. A extinção do salário foi registrada na folha 21 do livro 486 da então diretoria de contabilidade da guerra.

Contudo, não houve ato oficial que revogasse suas patentes. E, mesmo sem salário, o santo seguia como integrante do Exército brasileiro. Em 1924, o presidente Artur Bernardes (1875-1955) despachou ao ministro da guerra, Fernando Setembrino de Carvalho (1861-1947), cobrando providências a respeito. "O coronel Antônio de Pádua vai quase em três séculos de serviço. Nomeie-o general e ponha-o na reserva", disse, na carta. Reformado, desde então passou a figurar no Anuário Brasileiro, na lista dos oficiais da reserva do Exército. Merecido descanso.

Mas além das fardas, o famoso santo também teve reconhecimentos póstumos na política religiosa do Vaticano. Isso já começou com seu contemporâneo – e canonizador – Papa Gregório IX. "Ninguém na Igreja conhece melhor a Bíblia do que Frei Antônio. Ele é a arca do Testamento e o tesouro da Sagrada Escritura", afirmou o sumo pontífice.

O Papa Sisto IV (1414-1484), também ele um franciscano da Ordem dos Frades Menores, elogiou a profundidade intelectual de Antônio na carta apostólica *Immensa*, de 12 de março de 1472. "O bem-aventurado

Antônio de Pádua, como astro luminoso que surge do alto, com as excelentes prerrogativas de seus méritos, com a profunda sabedoria e doutrina das coisas santas e com a sua fervorosíssima pregação, ilustrou, adornou e consolidou a nossa fé ortodoxa e a Igreja Católica", enfatizou no texto.

Outro franciscano, Papa Sisto V (1521-1590) afirmou que "Santo Antônio, pela eminência de seus méritos e das suas virtudes, pela profundeza da sua inteligência, como pelo brilho de sua pregação, fez resplandecer as belezas da Igreja Católica". "Ele cobriu-a de glória, fortalecendo-lhes as bases e consolidou-lhe o poder", definiu.

Reconhecendo suas duas denominações – Santo Antônio de Lisboa e Santo Antônio de Pádua – e, ao mesmo tempo, o caráter universal de sua devoção, o Papa Leão XIII (1810-1903) declarou-o "santo de todo o mundo".

Durante as celebrações dos setecentos anos da morte de Santo Antônio, em 1931, Pio XI (1857-1939) publicou a carta apostólica *Antoniana Sollemnia*. "O taumaturgo de Pádua levou à sociedade do seu proceloso tempo, contaminada por maus costumes, os esplendores da sua sabedoria cristã e o suave perfume das suas virtudes", afirmou ele, na epístola. "O vigor do seu apostolado manifestou-se de modo especial na Itália. Foi esse o campo das suas extraordinárias fadigas. Com isso, porém, não se quer excluir outras muitas regiões da França, porque Antônio, sem distinção de raças ou de nações, a todos abençoava no âmbito da sua atividade apostólica: portugueses, africanos, italianos e franceses, a todos, enfim, a quem reconhecesse necessitados do ensinamento católico."

Pio XII (1876-1958) dedicou ao santo a carta apostólica *Exulta Lusitania* Felix, de 16 de janeiro de 1946. É esse documento que reconheceu Antônio como "doutor da Igreja universal", por reunir três fatores considerados essenciais para tal: "santidade insigne, eminente doutrina celeste e declaração pontifícia", conforme pontuou a epístola.

"Ademais, como Antônio costumava confirmar as suas palavras com passos e sentenças do Evangelho, com pleno direito merece o título de 'doutor evangélico'", ressaltou o papa. "De fato, de seus escritos, como de fonte perene de água límpida, não poucos doutores e teólogos e oradores sacros têm extraído, e podem continuar a extrair, a sã doutrina, precisamente porque veem em Antônio o mestre e o doutor da santa mãe Igreja."

No documento, o sumo pontífice reconheceu que sua festa nunca deixou de ser celebrada "em todas as famílias franciscanas e nos cleros das dioceses de Pádua, de Portugal e do Brasil".

CAPÍTULO 11

O SANTO MAIS QUERIDO DO BRASIL

Como a devoção a Antônio foi trazida ao Brasil pelos franciscanos, espalhou-se por todas as regiões e acabou motivando batismos de rios, lagos e cidades. E uma curiosidade: o santo tornou-se vereador perpétuo de um município pernambucano.

Quando o navegador português Pedro Álvares Cabral (1467-1520) chegou ao litoral brasileiro, em 21 de abril de 1500, no episódio que entraria para a história como o descobrimento destas terras, trouxe junto a devoção a Santo Antônio. Não necessariamente porque ele fosse um particular admirador do religioso lisboeta. Mas porque, em sua esquadra, vieram oito frades franciscanos.

Frei Henrique Soares de Coimbra (1465-1532) foi o celebrante da primeira missa em solo brasileiro, ocorrida dia 26 de abril daquele ano, Domingo de Páscoa. De acordo com registros históricos, a comunidade franciscana trazida a bordo ainda contava com Frei Maffeo – "sacerdote, organista e músico, que também com estas prendas podia ser parte na conversão das almas, havendo experiência certa de que o demônio também se afugenta com as suavidades das harmonias", nas palavras do memorialista franciscano do século XVIII, Frei Fernando da Soledad –, o corista de ordens sacras Frei Pedro Neto e quatro "pregadores e excelentes letrados" – também na definição de Soledad –, os frades Gaspar, Francisco da Cruz, Simão de Guimarães e Luiz do Salvador. O oitavo franciscano era um leigo, Frei João da Vittoria.

Sendo eles da Ordem dos Frades Menores e tendo viajado em frota portuguesa, é altamente provável que tenham carregado uma estatueta de Santo Antônio e, em suas primeiras rezas no Brasil, buscado a intercessão do religioso. Historiadores da Igreja são unânimes em acreditar que a devoção e o carinho que Antônio experimenta em terras brasileiras encontra explicação nesse marco histórico, tido como o nascimento do país – ao menos sob a ótica europeia.

Não demoraria muito para franciscanos estabelecerem conventos no Brasil. O mais antigo deles foi erguido em Olinda, em 1585. Seis anos mais tarde, foi fundada uma casa em Vitória. Em 1608, foi criado o convento de Santo Antônio do Rio de Janeiro. Santos teria seu convento franciscano em 1640 e, São Paulo, dois anos depois.

Nas terras tupiniquins, a devoção antoniana ganharia um sotaque brasileiro. De acordo com folcloristas, sua imagem foi um pouco recriada pelo imaginário popular, com ênfase no seu papel casamenteiro, forte protagonismo em simpatias e novenas populares e um apelo comemorativo nas tradicionais festas juninas.

Sobre sua fama de cupido, há várias lendas propagadas. A mais comum delas narra a história de uma brasileira que, vendo suas amigas todas se casando, acabou solteira, não conseguindo de jeito algum arranjar um noivo. Então, desesperada, iniciou uma novena a Santo Antônio.

Pegou, então, uma imagem do santo, enfeitou-a com flores e, todos os dias, acendia uma vela e rezava para ele. Fez a seguinte promessa: "Se ao fim desses nove dias não surgir um noivo para mim, você vai para o olho da rua!".

Repetiu religiosamente o ritual e nada de lhe aparecer pretendente. No nono dia, revoltada, arremessou a imagem pela janela. A estatueta teria acertado em cheio a cabeça de um jovem rapaz que por ali passava.

Profundamente zangado, ele bateu à porta para tomar satisfações. Foi amor à primeira vista. Poucos meses depois, casaram-se.

Também há a história de uma moça muito devota que, da mesma forma que a anterior, não conseguia encontrar namorado. Ela pegou uma imagem, amarrou-a com uma corda e jogou-a dentro de um poço. Todos os dias ia ao local e cantarolava: "Meu Santo Antônio querido, dizei-me por quem sois, dai-me o primeiro marido, que o segundo arranjo depois. Meu santo Antônio querido, meu santo de carne e osso, se tu não me arrumas marido, não tiro você do poço".

Depois dessas sessões de tortura sacra, a jovem teria conseguido um marido.

Como dito anteriormente, na devoção popular, Santo Antônio também é eficiente ajudante para encontrar coisas perdidas. O folclorista Câmara Cascudo enfatiza que seu "prestígio se mantém nos assuntos de encontrar casamento e deparar as coisas perdidas".

Uma das maneiras mais difundidas entre os fiéis para recorrer a Santo Antônio é a chamada trezena – ou seja, treze dias de rezas dedicadas a ele, pedindo, em geral, por uma graça ou agradecendo por algum favor antes recebido. Isso pode ser feito durante treze dias consecutivos ou, ainda, por treze terças-feiras seguidas – terça-feira é um dia especial para os devotos de Santo Antônio, porque foi em uma terça que ele acabou sepultado definitivamente em Pádua.

Outra eficiente oração das tradições religiosas populares é o responso, ou responsório de Santo Antônio, cuja reza é considerada infalível para a obtenção de graças. O texto – atribuído ao Frade Julião de Spira, que viveu no século XIII – foi incluído no ofício-divino comemorativo da festa de Antônio. A versão original é latina:

> *Si quaeris miracula,*
> *Mors, error, calamitas,*
> *Daemon, lepra fugiunt,*
> *Aegri surgunt sani.*
> *Cedunt mare, vincula;*
> *Membra resque perdita*
> *Petunt, et accipiunt*
> *Juvenes et cani.*
> *Pereunt pericula,*

Cessat et necessitas:
Narrent hi, qui sentiunt,
Dicant Paduani.

Há diversas traduções para o português coloquial, com devotos sabendo-as de cor. Eis a versão registrada por Câmara Cascudo:

Quem milhares quer achar
Contra os males e o demônio,
Busque logo a Santo Antônio
Que só o há de encontrar.
Aplaca a fúria do mar,
Tira os presos da prisão,
O doente torna são,
O perdido faz achar.
E sem respeitar os anos
Socorre a qualquer idade;
Abonem esta verdade
Os cidadãos paduanos.

O folclorista reconhece a hegemonia de Antônio. "É o mais popular dos santos portugueses", comenta. "Seu nome batiza igrejas, ruas e continua sendo um dos mais escolhidos para menino, em Portugal e Brasil. Rara será a cidade, vila ou povoado sem uma rua de Santo Antônio ou uma igreja de Santo Antônio, em todas as terras do idioma português."

Na contagem realizada por ele, o Brasil possuía "setenta localidades" com o nome do santo – mas ele não específica quais critérios utilizou para chegar a tal número. A folclorista Laura Della Mônica realizou um levantamento na toponímia brasileira em 1973 e encontrou 65 municípios, cidades ou vilas com o nome de Santo Antônio, "simplesmente ou em composição", sete rios, sete cachoeiras, cinco serras, duas ilhas e duas lagoas.

Considerando as denominações oficiais atuais,[9] são 38 os municípios brasileiros que emprestam o nome do santo. Desde a cidade de Santo Antônio, no Rio Grande do Norte, até variações como Santo Antônio do Içá, no Amazonas, Santo Antônio do Rio Abaixo, em Minas Gerais, Santo Antônio dos Milagres, no Piauí, e a paulista Santo Antônio do Pinhal. Ou, ainda, nomes compostos como Barra de Santo Antônio, nas Alagoas, Riacho de Santo Antônio, na Paraíba, e as duas Novo Santo Antônio – uma no Mato Grosso, outra no Piauí.

Um antigo levantamento realizado pelo pesquisador Eugenio Egas atestava que o estado de São Paulo tem dez córregos e ribeirões que homenageiam o santo, além de duas serras e uma lagoa.

Estimar a quantidade de locais de devoção ao santo no Brasil, por outro lado, é uma meta praticamente inatingível. "Não é possível contar o total das capelas e oratórios privados onde o santo de Lisboa é venerado", já anotava Câmara Cascudo.

---
9. Pesquisa realizada em 2019.

Em 1981, quando eram comemorados os setecentos e cinquenta anos de sua morte, um levantamento realizado pela Igreja Católica mostrou que apenas na região que vai de Santa Catarina ao Espírito Santo, estado de São Paulo incluído, havia 158 igrejas dedicadas à sua devoção. Em 2019, somente na área sob circunscrição da arquidiocese de São Paulo constavam 16 paróquias de Santo Antônio.

Na pesquisa de Câmara Cascudo, contudo, mesmo enfatizando que o número não representava a totalidade, ele contabilizou 228 templos em honra a Santo Antônio no Brasil. São José era o segundo no ranking, com 71 igrejas erguidas sob seu nome.

Em 1995, a instituição católica Associação do Senhor Jesus decidiu realizar uma enquete entre católicos praticantes para saber quais são os santos de maior predileção da fé nacional. Foram ouvidas 4 mil pessoas e 20% responderam se fiar mais a Santo Antônio na hora das orações. Na sequência da lista apareceram São José, com 14,5% da preferência popular, São Judas Tadeu (9%), Santa Rita de Cássia (8%) e São Francisco de Assis (7,7%).

Levantamento realizado em 2010 pela Editora Abril, com dados do Centro de Estatísticas Religiosas e Investigações Sociais (CERIS) e de um grande fabricante de imagens sacras do país, também indica o tamanho do apreço por Antônio no Brasil. Exceto Nossa Senhora – e suas tantas variações –, o santo franciscano também apareceu na liderança absoluta. De acordo com o estudo, são cerca de 550 igrejas a ele dedicadas em todo o Brasil, e uma venda anual de duas mil imagens, considerando a produção apenas do fabricante selecionado. Na sequência aparecem São Sebastião (450 igrejas e 680 imagens), São José (quinhentas igrejas e trezentas imagens) e São João (370 igrejas e 150 imagens). A mesma pesquisa também apontou que Santo Antônio é padroeiro – ou seja, considerado o santo protetor – de 84 municípios brasileiros.

Em um deles, mais que isso, Santo Antônio tornou-se vereador. Trata-se de Igarassu, cidade litorânea de Pernambuco. Ali, em 1754, tentaram fazê-lo um dos representantes na Câmara – mas, diante da negativa de autorização real, acabaram transformando-o em santo protetor da casa dos vereadores. Em 1951, contudo, a ideia voltou à tona. E, por meio da resolução de número 17, Santo Antônio tornou-se vereador perpétuo de Igarassu – com remuneração anual destinada à compra de pão para os pobres em seu dia, 13 de junho.

Em 1994, os vereadores do município pernambucano decidiram padronizar seus vencimentos para o valor equivalente a um salário-mínimo mensal. O pagamento passou a ser recebido pelo convento de Santo Antônio localizado na cidade – e revertido para obras assistenciais voltadas a crianças pobres. Catorze anos depois, no entanto, por recomendação do Ministério Público de Pernambuco, o ordenado ao santo foi suspenso.

Mas não o título. De forma voluntária, portanto, Santo Antônio continua na vereança igarassuense.

A presença antoniana entre as santidades brasileiras é tão forte que até aquele que foi o primeiro nascido no Brasil canonizado pela Igreja Católica também se chamava Antônio e também era da Ordem dos Frades Menores. Trata-se do Frei Antônio de Sant'Anna Galvão (1739-1822), nascido em Guaratinguetá e muito conhecido por sua atuação no Mosteiro da Luz, na cidade de São Paulo. Frei Galvão tornou-se oficialmente santo em 2007, ato proclamado em missa celebrada pelo então Papa Bento XVI na capital paulista.

Antes dele, outro homônimo se tornou famoso pregador pelas terras brasileiras. Trata-se do filósofo e religioso jesuíta Antônio Vieira, padre conhecido pela capacidade oratória e pelas andanças missionárias no século XVII. Conforme pontua o filósofo e jornalista português Alexandre Borges, não raras vezes Vieira usou passagens de seu onomástico para ilustrar seus sermões, "então no distante Brasil". Assim evocava o sacerdote, diz Borges, "a necessidade de se considerarem os direitos de todo ser humano, independente de ser branco, índio ou negro, grande ou pequeno, senhor ou escravo".

Mas se a fama do santo é gigantesca por aqui, não se pode dizer que é pequena em outros países, católicos ou não. Câmara Cascudo certa vez afirmou que era interessante notar que, mesmo nunca tendo Antônio pisado em Paris, não havia nenhuma igreja na capital francesa sem que houvesse ao menos um pequeno oratório dedicado às honras do frade franciscano.

"Antônio é, possivelmente, o português mais célebre do mundo. Há oito séculos que é celebrado por gente de todos os continentes e religiões, como os muçulmanos do Bangladesh ou os budistas do Sri Lanka – e não dá sinais de abrandar. Foi retratado pelos maiores pintores, de Donatello a Ticiano, de Rubens a Murillo. Tem o nome e a imagem espalhados por praças, ruas e igrejas nos quatro cantos da Terra, de Lisboa a Pádua; de Boston a Istambul; do Rio de Janeiro a Daca", enumerou Borges. "Numa sondagem realizada pela televisão pública italiana, nos anos 1980, para apurar o santo por quem os italianos teriam maior devoção, foi batido apenas por... Nossa Senhora. É o padroeiro dos pobres e de Portugal, símbolo de Lisboa, onde nasceu e viveu a maior parte da vida, e de Pádua, onde passou os anos mais fulgurantes e foi sepultado. Pelo caráter humanista e universal da mensagem que espalhou, o Papa Leão XIII chamou-lhe 'o santo de todo o mundo'; em Itália, podem referir-se a ele, simplesmente, como 'o santo'."

CAPÍTULO 12

A VERDADEIRA FACE DE SANTO ANTÔNIO

A partir de dados obtidos de exumação para fins científicos realizada em 1981, quando se celebrou o 750º aniversário da morte dele, um designer brasileiro fez a reconstituição facial tridimensional mais precisa existente do religioso.

Em 1263, as obras de construção da basílica de Santo Antônio, em Pádua, iniciadas mais de trinta anos antes, já haviam progredido um bocado. Foi quando decidiu-se fazer a transferência dos restos mortais do santo para um mausoléu erguido especialmente para ele.

A solene cerimônia ocorreu em 8 de abril. Participou da operação o teólogo e filósofo Giovanni di Fidanza (1221[10]-1274), conhecido pelo nome religioso de Boaventura – com o qual se tornaria São Boaventura, aliás. Naquele ano, ele já era o superior geral da Ordem dos Frades Menores.

Quando abriram o sarcófago de mármore onde havia sido sepultado Antônio, observaram atônitos que parte dos despojos estavam preservados. "Encontraram as carnes do corpo desfeitas em cinza, à semelhança de areia fina", relata Frei Basílio. "Mas ó milagre! Na boca da caveira estava a língua conservada, mole, rubicunda como de um homem vivo."

---

10. Não há um consenso entre historiadores sobre o ano de nascimento do religioso. O ano de 1221 é o mais provável, mas algumas fontes indicam 1217.

"Ó língua bendita, que sempre louvaste o teu Senhor e o fizeste louvar pelos outros", teria exclamado Boaventura. "Agora aparece claramente quanto merecimento tens diante de Deus."

A língua foi colocada em um relicário e exibida aos fiéis. Coube a Luca Belludi, velho amigo de Antônio, a honra de fazer a homilia daquela missa.

Em 1310, com a nave central da basílica finalmente concluída, os despojos do santo foram mais uma vez trasladados. A tumba, porém, só seria aberta novamente por completo em 15 de fevereiro de 1350.

Na ocasião, sua mandíbula também foi separada e deixada exposta em um relicário. Retiraram ainda da ossada alguns ossos como o antebraço e a mão esquerda – tais espaças acabariam espalhadas, como relíquias, por algumas igrejas europeias. A exumação foi presidida pelo cardeal francês Guido de Bolonha (1313-1373), que fez questão de mandar alguns fragmentos para sua terra natal. Nessa operação, o corpo do santo foi sepultado na capela definitiva, onde se encontra até hoje.

Quando o mundo católico celebrava os setecentos e cinquenta anos da morte de Frei Antônio, em 1981, o Vaticano autorizou uma nova exumação de seus restos mortais. Dessa vez, tudo com anuência do Papa João Paulo II (1920-2005), uma equipe multidisciplinar de cientistas – dez professores da Universidade de Pádua – realizou exames antropométricos na ossada.

Constataram que ele era um homem de ombros largos e consideravelmente alto para a época. Media 1,70 metro de altura, quando a média da população europeia no século XIII era de 1,62 metro. Seus ossos das pernas eram muito desenvolvidos, resultado dos constantes exercícios que ele fazia ao andarilhar pregando por tantos lugares.

Conforme laudo do médico ortopedista Antonio Novello, um dos integrantes da equipe, os ossos indicavam que o frade tinha calosidade nas pernas, logo abaixo dos joelhos, devido "a repetidos microtraumas" – a interpretação mais provável é que fosse consequência do rotineiro ato de se ajoelhar para rezar, horas e horas diárias de oração e penitência.

A análise de sua arcada dentária concluiu que sua alimentação era pobre em ferro – o que corresponde aos relatos da época, segundo os quais o franciscano costumava comer apenas uma rala sopa de vegetais com pão. Os exames também confirmaram fortes indícios de que realmente ele tenha sofrido de hidropisia, doença que deve ter precipitado sua morte.

Os órgãos e cartilagens do aparelho vocal estavam completamente conservados. Para a Igreja, isso é um milagre. Para a fé das pessoas, é mais um sinal da importância de tudo o que o frade franciscano falou durante a vida.

Mas certamente a grande revelação dessas análises científicas tenha sido que o frade franciscano não morreu com 35 para 36 anos, como se acreditava – os relatos antigos sempre o apresentavam como alguém que nasceu em 15 de agosto de 1195 e morreu em 13 de junho de 1231. O homem sepultado ali em Pádua tinha pelo menos 40 anos quando partiu desta vida, atestaram os pesquisadores.

Como a data da morte é extensamente registrada e comprovada, a hipótese mais aceita é de que ele tenha nascido alguns anos antes, muito provavelmente no fim dos anos 1180. Esse retrocesso cronológico torna muito mais verossímeis as outras passagens consideradas corretas de sua biografia – como sua idade quando havia ingressado na vida religiosa, quando tentou pregar no Marrocos, quando chegou à Itália e quando viveu na França.

A partir da verificação de que a ossada de Santo Antônio estava praticamente completa – com as notórias exceções da mandíbula, exposta em Pádua, e do antebraço e da mão esquerda, retirados no século XIV –, os pesquisadores concluíram também que a maior parte das relíquias atribuídas a ele espalhadas por igrejas da Europa não passam de falsificações. O escultor italiano Roberto Cremesini participou dos trabalhos. Ele ficou encarregado de fazer uma réplica idêntica do crânio.

Encerrada a análise, os restos foram recompostos e reorganizados cuidadosamente em um colchão forrado de seda, dentro de uma urna de cristal. E, assim, o santo ficou exposto aos fiéis na catedral ao longo de vinte e nove dias em 1981. De acordo com os administradores da basílica, quinhentas mil pessoas enfrentaram as filas para ver o esqueleto.

Colocado em um caixão de cipreste, Antônio de Pádua foi sepultado novamente no santuário. Por determinação do Papa João Paulo II, uma nova exumação para análises deve ocorrer apenas em 2231, nas festas do milésimo aniversário da morte do santo.

Cremesini utilizou a réplica do crânio, as imagens e os dados resultantes da ossada para construir um busto em bronze do frade. A obra ficou pronta em 1995.

Os despojos antonianos, no entanto, não teriam completo sossego. Em outubro de 1991, três homens armados e mascarados conseguiram violar o esquema de segurança da basílica e roubaram o osso da boca exposto como relíquia. Eles telefonaram para a polícia e pediram dinheiro para não lançarem o fragmento santo em um rio.

Talvez por intercessão daquele que é considerado um grande ajudante na hora de encontrar coisas perdidas, não foi preciso pagar resgate. Dois meses depois, a mandíbula de Antônio foi encontrada nas proximidades do Aeroporto Leonardo da Vinci di Fiumicino, o Aeroporto Internacional de Roma, o mais movimentado de toda a Itália.

Em 2010, os restos mortais de Antônio seriam exibidos mais uma vez para os devotos. Isso porque a capela que funciona como seu túmulo passou por completas obras de restauro e seu caixão precisou ser removido durante os trabalhos, que duraram vinte meses. Antes de devolvê-lo, a Igreja decidiu expor o esqueleto, em uma redoma de vidro, ao público católico.

Quatro anos mais tarde, um novo grupo de pesquisadores da Universidade de Pádua – do Museu de Antropologia da instituição – resolveu fazer novos estudos a partir de imagens do santo, utilizando as tecnologias mais atuais disponíveis. A réplica do crânio, feita em 1981, também foi utilizada. A missão do projeto era fazer uma reconstituição tridimensional facial mais fidedigna de Antônio.

Na Itália, as análises foram feitas em parceria com o Centro de Estudos Antonianos e o grupo de pesquisas Arc-Team Open Research. Especialistas brasileiros também foram envolvidos: o Laboratório de Antropologia e Odontologia Forense da Universidade de São Paulo (OFLab/USP), o Centro de Tecnologia da Informação Renato Archer (CTI), além da artista plástica Mari Bueno e do designer brasileiro Cícero Moraes – encarregado este de fazer, por computação gráfica, a reconstituição tridimensional.

Moraes providenciou duas versões para o santo. A considerada oficial, na qual ele aparece mais rechonchudo, leva em conta o seu quadro de hidropisia – e provavelmente mostra de modo fidedigno como ele estava no fim da vida. A outra versão, com Antônio de contornos faciais esbeltos, é sua verossímil aparência saudável.

Produzida em impressora 3D e pintada pela artista Mari Bueno, a face verdadeira de Santo Antônio foi apresentada ao público no dia 10 de junho de 2014, em evento ocorrido na cidade de Pádua. Existem quatro cópias do busto: uma no Centro de Estudos Antonianos, em Pádua; outra na Catedral do Sagrado Coração de Jesus, em Sinop, cidade onde vive Moraes; uma terceira na Basílica Menor Santo Antônio do Embaré, em Santos; a última na Catedral Santo Antônio, em Chapecó.

Para os devotos, o teor da representação é o que menos importa. Pode ser o Antônio pintado com talento e esmero das obras de arte de Giotto. Pode ser o Antônio esculpido com maestria pelo grande artista brasileiro Aleijadinho (1738-1814), cujo nome verdadeiro, aliás, era Antônio Francisco Lisboa. Pode ser o Antônio singelo dos desenhos de traços icônicos daqueles santinhos e folhetos distribuídos em igrejas. Pode ser o Antônio quase *naif* das estatuetas vendidas em lojas de artigos sacros. Pode ser o Antônio hiper-realista da escultura digital feita por Cicero Moraes.

Para os devotos, a grandeza de Antônio não está em sua fama universal, não está no fato de que ele é o português mais conhecido do mundo, o santo mais amado do Brasil, o franciscano cujo apreço popular ultrapassa até mesmo a obtida pelo fundador da ordem, São Francisco de Assis. Para os devotos, tudo isso não é a causa da devoção, mas a consequência.

Antônio é o santo popular por excelência, o milagreiro das pequenas e das grandes causas, o participante dos festejos singelos da quermesse, o chantageado pelas simpatias, o homenageado com toda sorte de lendas, canções, rezas, novenas, trezenas. Ao mesmo tempo, Antônio foi uma das pessoas mais eruditas da Idade Média, foi um dos católicos que mais estudaram a Bíblia, foi um dos maiores oradores que já existiram. Suas simplicidade franciscana está nisto: Antônio andava descalço – e, assim, era como se estivesse despido da pose de intelectual para ficar próximo ao povo.

Antônio é uma grande metáfora do amor de Deus pela humanidade. Simboliza algumas impossibilidades. É a prova de que o gigantismo infinito pode estar contido dentro das pequenezas do dia a dia. É um testemunho de que os superlativos cabem na humildade.

Santo Antônio de Lisboa. Santo Antônio de Pádua. Santo Antônio do Brasil. Santo Antônio de todos os lugares, de todas as pessoas, de todas as causas.

Santo Antônio de tudo.

LIVROS

AGASSO JR., Domenico. *Santo Antônio de Pádua:* por onde passa, entusiasma. São Paulo: Paulus, 2016.
AMARAL, Amadeu. *Obras completas.* São Paulo: Instituto Progresso Editorial, 1948.
ANÔNIMO. *Beati Antonii vita prima:* seu Legenda Assidua. Pádua: Ordem dos Frades Menores, 1232.
ANÔNIMO. *Bíblia.* Tradução Ecumênica. São Paulo: Loyola, 1975.
ANÔNIMO. *Pregate senza interruzione.* Londres: Danka, 2016.
ANTÔNIO, Padre. *História de Santo Antônio de Pádua.* Salvador: Mensageiro da Fé, 1951.
AQUINO, São Tomás de. *Compêndio de teologia.* São Paulo: Nova Cultural, 1988.
AQUINO, São Tomás de. *Suma teológica.* São Paulo: Nova Cultural, 1988.
ASSIS, Clara de. *Gli scritti di Santa Chiara di Assisi.* Londres: Danka, 2015.
ASSIS, Francisco de. *Regola del serafico padre San Francesco.* Assis: OFM, 1223.
BASÍLIO, Frei. *O convento de Santo Antônio no Rio de Janeiro.* Petrópolis: Vozes, 1945.
_____. *Santo Antônio no Brasil.* Petrópolis: Vozes, 1942.
_____. *Santo Antônio:* vida, milagres, culto. Petrópolis: Vozes, 1952.
BERRI, Frei Câncio. *Vida de Santo Antônio contada às crianças.* Petrópolis: Vozes, 1961.
BERTELLI, Luiz Gonzaga. *Santo Antônio:* o evangelizador. São Paulo: Academia Cristã de Letras, 2006.

BETTENCOURT, Gastão de. *Três santos de junho no folclore brasílico*. Rio de Janeiro: Livraria Agir Editora, 1947.

BETHENCOURT, Francisco. *Racismos:* das Cruzadas ao século XX. São Paulo: Companhia das Letras, 2018.

BORGES, Alexandre. *Santos e milagres:* uma história portuguesa de Deus. Amadora: Casa das Letras, 2017.

CASCUDO, Luís da Câmara. *Dicionário do folclore brasileiro*. São Paulo: Global, 2012.

CHAGAS, Carolina. *O livro dos santos:* a história e as orações dos 100 santos mais populares do Brasil. São Paulo: Publifolha, 2008.

CÍCERO. *Da República*. São Paulo: Abril Cultural, 1985.

CONTI, Dom Servílio. *O santo do dia*. São Paulo: Vozes, 2006.

COSTIGAN, William. *Sketches of society and manners in Portugal:* in a series of letters. Londres: T. Vernor, 1787.

EGAS, Eugenio. *Diccionario Geographico do Estado de S. Paulo*. São Paulo: Escolas Profissionaes do Lyceu Coração de Jesus, 1930.

ESPERANÇA, Manuel da. *História seráfica da Ordem dos Frades Menores de S. Francisco na Província de Portugal*. Lisboa: Officina Craesbeeckiana, 1656.

GALILEI, Galileu. *O ensaiador*. São Paulo: Abril Cultural, 1983.

GARCIA, Romeu. *Santo Antônio na língua do povo*. São Paulo: Conselho Nacional do Sesi, 1970.

GARRIDO, Antônio Jorge Moreira. *Santo Antônio:* uma vida só de amor. Lisboa: Chiado, 2015.

GASPAR, Eneida Duarte (Org.). *Santo Antônio para todos os fins:* vida, milagres, orações e simpatias. Rio de Janeiro: Pallas, 2006.

GIUSTINIANI, Niccolo Antonio. *Serie cronologica dei vescovi di Padova*. Pádua: Nella Stamperia Del Seminario, 1786.

HIPONA, Agostinho de. *Confissões*. São Paulo: Abril Cultural, 1980.

LEMOS, Maria Luísa. *Secção de manuscritos da biblioteca geral da Universidade de Coimbra* – inventário sumário. Coimbra: Coimbra Editora, 1974.

LISBÔA, Dionísio Pedro de Alcântara. *Santo Antônio contra o mundo*: a história do grande santo para os nossos tempos. São Paulo: Paulus, 2018.

LOPES, Fernando Félix. *Santo António de Lisboa:* doutor evangélico. Braga: Edição do Boletim Mensal, 1954.

LUCRÉCIO. *Da natureza*. São Paulo: Abril Cultural, 1985.

MARTINS, José da Silva. *Santo Antônio de Lisboa, de Coimbra, de Pádua e de todo o mundo*. São Paulo: Martin Claret, 1983.

MATTOSO, José. et al. *Santo António:* o santo do Menino Jesus. São Paulo: Masp, 1996.

MÔNICA, Laura Della. *Os três santos do mês de junho*. Olímpia: Ed. do autor, 1995.

NEVES, Carlos das. *O grande thaumaturgo de Portugal:* Santo Antonio de Lisboa. Porto: Augusto Gomes da Silva, 1895.

NOGUEIRA, Ataliba. *Santo Antonio na tradição brasileira*. São Paulo: Revista dos Tribunais, 1933.

NUNO, Fernando. *Antônio:* o santo do amor. Rio de Janeiro: Objetiva, 2007.

NÚRSIA, Bento de. *Regra de São Bento*. São Paulo: Família Católica, 2018.

PARMELE, Mary Platt. *A short history of Italy*. Los Angeles: Enhanced Media Publishing, 2017.

QUENTAL, Antero de. *A bíblia da humanidade*. Unionville: Alexandria's Library, 2009.

RANGEL, Lúcia Helena Vitalli. *Festas juninas:* origens, tradições e história. São Paulo: Casa do Editor, 2002.

SANTA SÉ. *Martirologio Romano*. Roma: Librerie Editrice Vaticana, 2004.

SANTA SÉ. *Martyrologio Romano*. Lisboa: Regia Officina Sylviana, 1748.

SÊNECA. *Da tranquilidade da alma*. São Paulo: Abril Cultural, 1985.

SCRINZI, Giustiniano. *Santo Antonio de Pádua e o seu tempo*. São Paulo: Escolas Profissionaes do Lyceu Coração de Jesus, 1933.

SGARBOSSA, Mario. *Um santo para cada dia*. São Paulo: Paulus, 1983.

SILVA, Ignacio Accioli de Cerqueira e. *Memórias históricas e políticas da província da Bahia*. Salvador: Tip. do Correio Mercantil, 1835.

SMITH, William; CHEETHAM, Samuel. *Encyclopaedic dictionary of christian antiquities* (vol. 1). Londres: John Murray, 1875.

_____. *Encyclopaedic dictionary of christian antiquities* (vol. 2). Londres: John Murray, 1880.

SOARES, José Carlos de Macedo. *Santo Antonio de Lisboa, militar no Brasil*. Rio de Janeiro: José Olympio, 1942.

SOUZA, José Antonio de Camargo R. de. *O pensamento social de Santo Antônio*. Porto Alegre: EDIPUCRS, 2001.

VIEIRA, Afonso Lopes. *Santo António:* jornada do centenário. Lisboa: Sociedade Editora Portugal-Brasil, 1932.

JORNAIS E REVISTAS PESQUISADOS

A Esfera, A Manhã, Açoriano Oriental, Ave Maria, Avvenire, Cidade de Santos, Correio da Manhã, Correio Paulistano, Corriere della Sera, Diário de Notícias, Diário Popular, Família Cristã, Focus, Folha da Tarde, Folha de S.Paulo, Galileu, IstoÉ, Jornal da Tarde, Jornal de Notícias, Jornal do Brasil, Jornal do Comércio, La Repubblica, L'Osservatore Romano, Messaggero di Sant'Antonio, O Estado de S. Paulo, O Globo, O Jornal, O São Paulo, O Século, Público, Revista de Aparecida, Revista do Arquivo Municipal de São Paulo, Sábado, Superinteressante, The Guardian, The New York Times, The Washington Post, Tribuna da Imprensa, Veja.

BIBLIOTECAS, INSTITUIÇÕES E ARQUIVOS CONSULTADOS

Acervo Estadão, Acervo Particular de Cicero Moraes, Acervo Particular de Paulo Rezzutti, Alma Mater Studiorum – Università di Bologna, Arc-Team Open Research, Arquivo da Diocese de Coimbra, Arquivo Histórico Municipal – São Paulo, Arquivo Nacional da Torre do Tombo, Arquivo Público do Estado de São Paulo, Biblioteca Comunale Italo Calvino – Senago,

Biblioteca do Mosteiro de São Bento de São Paulo, Biblioteca Nacional de Portugal, Biblioteca Municipal Alceu de Amoroso Lima – São Paulo, Biblioteca Municipal Mário de Andrade – São Paulo, Biblioteca Municipal Sérgio Milliet – São Paulo, Centro de Estatísticas Religiosas e Investigações Sociais, Centro Studi Antoniani della Provincia Italiana di Sant'Antonio di Padova del Frati Minori Conventuali, Conferência Nacional dos Bispos do Brasil, Istituto dell'Enciclopedia Italiana – Treccani, La Santa Sede – Archivo, Ordine dei Frati Minori Conventuali – Documenti, Pontifícia Universidade Católica de São Paulo, Pontificia Università Gregoriana – Roma, Província Franciscana da Imaculada Conceição do Brasil – Ordem dos Frades Menores (OFM), Provincia Italiana di Santo Antonio di Padova – Frati Minori Conventuali – Documenti, Província Portuguesa da Ordem Franciscana – Documentos, Serviço de Assistência Religiosa do Exército, Universidade Presbiteriana Mackenzie – São Paulo, Università degli Studi di Padova.

**Acreditamos
nos livros**

Este livro foi composto em Adobe Garamond
Pro e impresso pela Gráfica Santa Marta para a
Editora Planeta do Brasil em janeiro de 2021.